Christoph Fleischer
Susan Schöne

Lieber Hirte als Schaf sein

AF571620

Christoph Fleischer
Susan Schöne

Lieber Hirte als Schaf sein

Predigtbuch mit Bildern von Susan Schöne

Fromm Verlag

Impressum / Imprint
Bibliografische Information der Deutschen Nationalbibliothek: Die Deutsche Nationalbibliothek verzeichnet diese Publikation in der Deutschen Nationalbibliografie; detaillierte bibliografische Daten sind im Internet über http://dnb.d-nb.de abrufbar.
Alle in diesem Buch genannten Marken und Produktnamen unterliegen warenzeichen-, marken- oder patentrechtlichem Schutz bzw. sind Warenzeichen oder eingetragene Warenzeichen der jeweiligen Inhaber. Die Wiedergabe von Marken, Produktnamen, Gebrauchsnamen, Handelsnamen, Warenbezeichnungen u.s.w. in diesem Werk berechtigt auch ohne besondere Kennzeichnung nicht zu der Annahme, dass solche Namen im Sinne der Warenzeichen- und Markenschutzgesetzgebung als frei zu betrachten wären und daher von jedermann benutzt werden dürften.

Bibliographic information published by the Deutsche Nationalbibliothek: The Deutsche Nationalbibliothek lists this publication in the Deutsche Nationalbibliografie; detailed bibliographic data are available in the Internet at http://dnb.d-nb.de.
Any brand names and product names mentioned in this book are subject to trademark, brand or patent protection and are trademarks or registered trademarks of their respective holders. The use of brand names, product names, common names, trade names, product descriptions etc. even without a particular marking in this works is in no way to be construed to mean that such names may be regarded as unrestricted in respect of trademark and brand protection legislation and could thus be used by anyone.

Verlag / Publisher:
Fromm Verlag
ist ein Imprint der / is a trademark of
OmniScriptum GmbH & Co. KG
Heinrich-Böcking-Str. 6-8, 66121 Saarbrücken, Deutschland / Germany
Email: info@frommverlag.de

Herstellung: siehe letzte Seite /
Printed at: see last page
ISBN: 978-3-8416-0454-5

Copyright © 2014 OmniScriptum GmbH & Co. KG
Alle Rechte vorbehalten. / All rights reserved. Saarbrücken 2014

Inhaltsverzeichnis

„Der Schöpfer der Welt wandelt unter den Menschen und die Menschen erkennen ihn nicht."

Wilhelm Morgner[1]

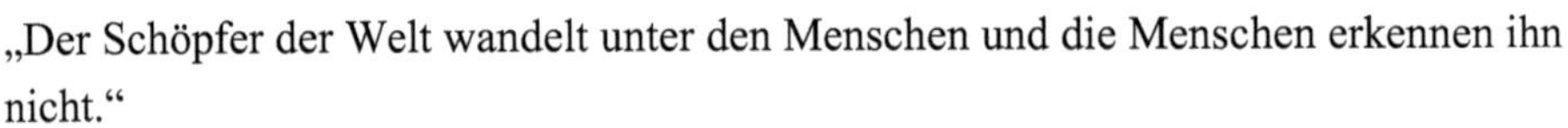

[1] Wilhelm Morgner: Briefe und Zeichnungen. Briefe an Georg Tappert, an die Mutter und an Wilhelm Wulff, herausgegeben und mit einer Einleitung von Christine Knupp-Uhlenhaut, Soest 1984, S. 90

Vorwort

Diese Predigten sind im Kirchenjahr 2012/2013 zu Texten der V. Perikopenreihe entstanden und in Kirchen des Evangelischen Kirchenkreises Soest gehalten worden. Da ich alle Predigten zuvor auf meiner Homepage/Blog „Der schwache Glaube“[2] veröffentlichte, hat sich Marlies Blauth[3], Künstlerin aus Meerbusch, bereit erklärt, die Predigten aus der Sicht einer kritischen Predigthörerin sprachlich zu bearbeiten. Markus Chmielorz hat dieses Predigtbuch formatiert und gesetzt. Danke allen, die diese und andere Predigten im Internet lesen und eventuell auch benutzen. Danke auch allen, die die Predigten unterstützen, auch durch den Besuch der jeweiligen Gottesdienste.

Besonders danke ich meiner Frau Ruth Fleischer-Schwarz für ihre Unterstützung und kritische Begleitung.

Die Abbildungen hat Susan Schöne zur Verfügung gestellt. Es sind Beispiele ihrer Serie „schwarz/weiß“[4]. Die Bilder Susan Schönes sind Ausarbeitungen des Abstrakten, wie sie zuerst von Expressionisten wie Wilhelm Morgner erarbeitet wurden. Morgner sah in der abstrakten Kreativität die geistige Kraft des Schöpfers. Ich frage in den Predigten ebenso, was es eigentlich bedeutet, die Religion als Gestaltungskraft des Lebens zu verstehen, nicht nur sozial, sondern auch individuell. Wir brauchen Gott nicht als Autorität, an die wir unsere Verantwortung delegieren, sondern verstehen die Offenbarung Christi als Offenbarung der Wirklichkeit Gottes in dieser Welt. Wir erfahren Gott als Zuspruch und Anspruch. Wir haben seine Rolle in der Welt zu spielen, so wie es Christus verstanden hat. Wir sollen, wie es in Anlehnung an eine Predigt im Titel heißt, „lieber Hirte als Schaf sein“.

---

[2] Im Internet verfügbar unter http://www.der-schwache-glaube.de
[3] Im Internet verfügbar unter http://kunst-marlies-blauth.blogspot.de/
[4] Im Internet verfügbar unter http://www.susan-schoene.de/zeichenmappe/schwarz-weiss.html

Weihnachtspredigt über Johannes 3, 31-36

Verlesung des Textes (Gute Nachricht Bibel)

31 Er, der von oben kommt, steht über allen. Wer von der Erde stammt, gehört zur
Erde und redet aus irdischer Sicht. Er aber, der vom Himmel kommt, 32 bezeugt das,
was er dort gesehen und gehört hat. Doch keiner hört auf ihn. 33 Wer auf ihn hört,
bestätigt damit, dass Gott die Wahrheit sagt. 34 Der von Gott Gesandte spricht ja die
Worte Gottes, denn Gott gibt ihm seinen Geist in grenzenloser Fülle. 35 Der Vater
liebt den Sohn und hat alles in seine Hand gegeben. 36 Wer sich an den Sohn hält, hat
das ewige Leben. Wer nicht auf den Sohn hört, wird niemals das Leben finden; er
wird dem Zorngericht Gottes nicht entgehen.

Liebe Gemeinde,

Abstand in zweifacher Gestalt, so erleben wir die Verlesung dieses Bibeltextes für den Weihnachtsgottesdienst. Da ist der Abstand zum Heiligabend, zum Krippenspiel und zur alten Weihnachtsgeschichte einerseits, und da ist der Abstand zu all dem, was schon vorher in unserer Medienkultur in Radio und Fernsehen über Weihnachten gesagt wurde.

Was ist Weihnachten in Film und Fernsehen? Läuft es nicht darauf hinaus, dass komplizierte Lebensverhältnisse vereinfacht werden und ein direkter Zugang zu Liebe und Menschlichkeit möglich wird, ein anderer Zugang, als der von Wirtschaft und Politik ermöglichte? Ist diese Weihnachts-Botschaft in der Kirche aber wirklich so sehr viel anders? Der Bibeltext kann uns heute ein wenig in die Besinnung und Reflexion über diese Botschaft führen.

Eine schlichte kirchliche Auslegung entnehme ich einer schriftlichen Predigtmeditation. Daraus habe ich einige Sätze notiert, die mir dadurch aufgefallen sind, dass sie das Wort „Leben“ enthalten. Es ist über den einzelnen Autor hinausgehend mein Gefühl, dass es in diesem Jahr doch wieder sehr stark um die Frage des Lebens überhaupt gegangen ist. Und so lauten diese Sätze:

„In jedem Menschen steckt die Sehnsucht nach Leben. (...) Jesus Christus ist das Leben. (...) Er lebt unsere menschliche Existenz. (...) In Jesus Christus ist Gott selbst gegenwärtig. (...) Wer sich aber von Christus retten lässt, der findet das ewige, wahre Leben. (...) Wir finden das Leben: ‚Wer an den Sohn glaubt, hat das ewige Leben.'"[5]

Was die Weihnachtsbotschaft auf die Frage nach Leben zu sagen hat, werden wir deutlicher sehen, wenn wir der biblischen Botschaft folgen. Dazu ist zunächst ein Blick auf die Erwartungen der Hörer der Weihnachtsbotschaft nötig. Ich sehe auch in mir selbst zwei unterschiedliche Erwartungen:

- Sind wir einmal als Predigthörer und Bibelleser in der Kirche, weil wir das eigentlich immer so tun und zu Weihnachten den Gottesdienst besuchen, dann ist diese Zusammenfassung keine wirkliche Überraschung. Es stellt sich das Gefühl des „alle Jahre wieder" ein.
- Sind wir andererseits hier in der Kirche, weil wir uns spontan dazu entschieden haben, und ist uns diese gläubige Rede von Christus weniger geläufig, dann denken wir: Wer es glaubt, wird selig! Und die anderen, was ist mit denen? Wie hoch ist die Glaubenshürde eigentlich? Müssen wir eine Glaubensprüfung absolvieren, um an Jesu Botschaft teilhaben und in Gottes Reich kommen zu können?

Glaubensgewohnheit oder Glaubenswissen – gibt es nicht daneben noch einen dritten Weg? Diesen dritten Weg suchen wir heute mit der Botschaft des Johannes. Wir erfahren mehr, wenn wir uns öffnen, so als sei uns diese Botschaft immer wieder neu gesagt.

Ich meine ohnehin, dass es weniger darauf ankommt, an Jesus zu glauben, sondern ich denke, dass die eigentliche Botschaft der Evangelien darin besteht, mit und wie Jesus zu glauben. Auch dieser Bibeltext lässt sich von diesem WIE des Glaubens her auslegen und auch er eröffnet dabei Aussagen, mit denen wir vielleicht so nicht rechnen würden.

---

[5] Quelle: Predigtmediation von Markus Wächter: Weihachten – Fest des Lebens, Deutsches Pfarrerblatt 11-2012, S. 638

Zunächst lese ich ein Gedicht, das ähnliche Gedanken ausspricht, wie ich sie beobachte: „Heruntergekommen“ von Wilhelm Bruners[6]

du bist/ auch nicht mehr/ der alte gott/ früher/ haben sie/ erzählt/ warst du/ umgeben von/ himmlischer/ herrlichkeit/ vom dreimal/ heilig der heere/ von den kniefällen/ der reinen/ heute/ höre ich/ sagen/ bist du/ herausgepresst/ aus dem blutigen/ mund/ liegst bei vieh/ und unreinen/ bewacht von/ zwielichtigem / volk/ an wen/ sollen wir/ uns halten/ wenn du/ haltlos/ geworden und / unten/ in welche/ richtung/ gehen unsere/ verbeugungen/ wenn dein/ thron leer/ und der/ weihrauch/ verdampft/ an den/ stallgeruch/ gewöhnen wir/ uns schlecht/ und einen/ ins fleisch/ gefahrenen gott/ legen sie/ aufs kreuz/ meine entdeckung/ ich muss mich/ vor dir/ nieht mehr/ klein machen/ heruntergekommener gott

Daraus folgen für uns drei Fragen, die es nun zu besprechen gilt:

1. Was bedeutet die Zweiteilung von Himmel und Erde und was daraus folgt für unseren Text und für uns?
2. Woran erkennen wir, dass Jesus ein Gesandter Gottes ist und was bedeutet das für uns?
3. Wie verhält es sich mit dem ewigen Leben? Was ist das für ein Leben? Wie und wo geschieht es?

Was bedeutet die Zweiteilung von Himmel und Erde und was daraus folgt für unseren Text und für uns? Himmel und Erde. Diese und andere Doppelungen oder Zweiheiten durchziehen die Bibel vom ersten bis zum letzten Satz. Klar, dass sich darauf eine prima Ideologie der Einen und der Anderen aufbauen könnte. Die Einen sind schlecht, die Anderen sind gut. Die Einen werden gerettet, die Anderen verdammt. Die Einen sind erwählt, die Anderen verworfen. Die Einen sind die Guten und die Anderen sind die Bösen. Nach diesem System werden Kriege geführt und die Religion ließ sich prima in solche Kriegsideologien einbauen. Es ist ja auch nur zu verfüh-

[6] Zit. n. Hans Martin Böcker, in: Gottesdienst für Jugendliche, Band 5, Hrsg. von Martin Lübking, Patmos Verlag Düsseldorf 2000, S. 29

rerisch. Was heißt in diesem Zusammenhang, dass wir, wie es Paulus sagt, allzumal Sünder sind und des Ruhmes ermangeln, den wir bei Gott haben sollten? Und Paulus, der weiß, dass er gerettet wird, bezieht sich hierbei durchaus mit ein. Diese Aufteilung lässt sich also genauso gut im Leben eines Menschen wiederfinden. Das dürfte noch den meisten einsichtig sein, denn sonst würden wir ja kaum der Erlösung bedürfen. Was ist, wenn das aber auch auf Jesus zutrifft? Ist Jesus nicht genauso ein Mensch wie wir, und ist das nicht eigentlich die Botschaft des Weihnachtsfestes, geboren von der Mutter Maria und in Windeln gewickelt, in der Krippe im Stall geboren. Wir müssen nicht die Sündlosigkeit Jesu zu glauben, um uns vorstellen, was Jesus für uns bedeutet und wie wir mit Jesus an Gott, den Vater glauben können. Was schreibt Johannes? Was legt er hier Johannes dem Täufer als Zeugnis über Jesus in den Mund? Niemand behauptet in diesem Text, dass mit Himmel und Erde zwei unterschiedliche Wirklichkeiten gemeint sind. Genauso, wie unsere Füße auf dem Boden stehen, so ist unser Kopf durch den aufrechten Gang nach oben ausgerichtet. Licht und Dunkelheit wechseln sich jeden Tag ab. Wer hat denn behauptet, dass unser Leben ein Einheitsbrei ist, der nur aus guten und nicht auch aus schlechten Erfahrungen besteht? Aus der normalen Widersprüchlichkeit des Lebens muss man die Drohbotschaft durch Schwarz-Weißmalerei erst noch machen. Jesus ist Gott und Mensch, ja wirklich, er ist beides, was ist denn daran so schwer zu verstehen? Auch wir kennen den Himmel auf Erden, auch wir haben schon Hilfe und Rettung von oben erfahren. Und wenn wir auch nicht als Baby in einer Futterkrippe gelegen haben, so waren wir doch in stinknormale Windeln gewickelt und unsre Eltern hießen nicht William und Kate.

Woran erkennen wir, dass Jesus ein Gesandter Gottes ist, und was bedeutet das für uns? Jesus wird uns vor Augen geführt als ein Mensch. Dagegen sollte man auch nicht die berühmte Jungfrauengeburt ins Feld führen. Jesus ist Sohn Gottes, ein Titel der nun entwendet wurde von den römischen Kaisern, der aber schon ein paar hundert Jahre vorher von König David für den herrschenden Regenten ausgeführt worden ist damals nach ägyptischem Vorbild. Nicht die Jungfrau ist das Problem. Jesu Anspruch und Würde sind in Gott begründet, ohne direkt eine Königswürde zu besitzen, auf die man verweisen könnte. Die Evangelien erzählen doch ausdrücklich, dass das Königshaus mit seiner Ankunft nichts zu tun hat, ja dass der herrschende König entweder als Kindesmörder erscheint oder mittels Statthalter die aufständischen Israeliten kurzerhand ans Kreuz nageln lässt. Dabei war Jesus am Kreuz auch nur der erste von vielen aufständischen Juden. Aber gehen wir nicht aus dem Text heraus. Es findet sich ein deutlicher Hinweis in diesem Text, der darüber hinaus sehr typisch ist für den Evangelisten Johannes. Das Stichwort dafür ist der Geist. Der Geist verbindet Himmel und Erde; er ist Gottes Geist und doch zugleich eine menschliche Eigenschaft. Nicht umsonst spielt in diesem Zusammenhang die Taufe noch eine gewisse Rolle. Der Geist kommt von oben auf Jesus herab und ergreift von ihm Besitz. Jesus bezeugt als Mensch, was er im Himmel gesehen und gehört hat durch den Geist Gottes, durch die von Gott gegebene Vollmacht. Jesus spricht die Worte Gottes aus; das kann er nur, weil der Geist Gottes in ihm ist. Jesus ist von Gott geliebt und bevollmächtigt; und woher weiß er das? Weil er das Wissen des Geistes erhalten hat. Das geht sogar noch weiter hinein bis in die Jüngerschaft: Jesus beruft Menschen in eben denselben und gleichen Dienst und übermittelt ihnen dabei Gottes Geist. Die Menschen, die sich zu ihm bekennen, erhalten dadurch Anteil an einem ewigen göttlichen Leben, durch Gottes Geist. So entsteht und bildet sich Gemeinde bis auf den heutigen Tag, Jesus wird zur Gemeinde aus dem Geist Gottes, eine offene Gemeinschaft menschlicher Personen.

Wie verhält es sich mit dem ewigen Leben? Was ist das für ein Leben? Wie und wo geschieht es? Anteil am ewigen Leben durch Gottes Geist haben wir durch Jesus erhalten. Er ist auferstanden und so ist er in unserer Mitte und vermittelt uns diesen Geist, in unserem Geist. Was ist nun aber dann mit ewigem Leben genau gemeint? Der Schlusssatz lässt dabei nun wieder an die Entscheidung des Jüngsten Gerichts denken, denn „wer nicht auf den Sohn hört, wird niemals das Leben finden; er wird dem Zorngericht Gottes nicht entgehen.“ Es gibt im Alten Testament eine Tradition, die das „Zorngericht“ an die Segenshaftigkeit unserer Einstellung und Taten bindet. Wir haben gerade im Johannes Evangelium eine Einstellung zu diesem Thema. Es heißt vom Blindgeborenen, dass die Menschen fragen: „Wer hat gesündigt, er oder seine Eltern?“ Es ist natürlich Quatsch von irgendeinem zufällig eingetretenen menschlichen Schicksal auf eine bestimmte Einstellung oder Tat zurück schließen zu können. Vielleicht ist es auch im Buddhismus mit dem Wort Karma gemeint, dass Menschen mit bösen Taten ein schlechtes Schicksal herausfordern, auch noch nach dem Tod. Aber selbst wenn man an die Vorstellung vom Endgericht denkt, so müssen wir doch zugeben, dass es dabei eigentlich in erster Linie darauf ankommt, in der

Gegenwart einen disziplinierenden Effekt auszulösen. Aus Angst vor dem Gericht Gottes sollen Menschen gezwungen werden, eine vernünftige Ethik an den Tag zu legen. Doch ist auch das ewige Leben eine solche Gottesvorstellung, die in der Gesellschaft eine schwarze Pädagogik hervorruft? Nein, bei Jesus bedeutet das ewige Leben, dass die Menschen den ihm gegebenen Geist Gottes erhalten. Gott, bei den Menschen, nicht auf dem Thron der Gewaltherrschaft. Nicht durch die Macht einer Drohung oder gar Vernichtung handelt Gottes Geist, sondern er ist wie das Samenkorn, dass sich in die Ritzen setzt und dort zu einem Baum heranwächst. Ewiges Leben ist die Erfahrung der Gegenwart Gottes in unserer Gegenwart. Wir müssen zugeben, dass wir dieses ewige Leben nicht in erster Linie von der Politik erwarten, sondern eher im sozialen Handeln einzelner Menschen wiederfinden. Doch auch das wirkt letztlich auf die gesamte Gesellschaft zurück. Das heißt: ewiges Leben ist eine Durchdringung der Lebenswelt durch eine Glaubenswelt. Die harten Fakten wirtschaftlicher Gegebenheiten und ökologischer Katastrophen wären für uns auch persönlich vernichtend, wenn wir nicht die Welt des Geistes Gottes hätten, die Glaubenswelt, die als tragende Kraft in der Krise erlebt werden kann und wird. Doch diese Macht und Gewalt ist göttlich. Das heißt, sie ist in Jesus ein Geheimnis. Sie ist unverfügbar wie ein verpacktes Geschenk. Ja, die Gegenwart Gottes ist ein Geschenk, das niemand kaufen kann. Es ist das Geschenk des Lebens von der Geburt an. Gott ist ein Kind geworden, menschlich bis hin zu den Windeln.

Zusammenfassung: Die Unterscheidung von Spannungen mit dem Bild von Himmel und Erde wird gerade in der Weihnachtsbotschaft zum Bild des Kindes in der Krippe unter dem Stern von Bethlehem. In der Menschheit Jesu findet diese Spannung ihre Einheit und darf nicht zur Unterscheidung von Guten und Bösen oder wahren und falschen Menschen missbraucht werden. Im Leben Jesu ist es der Geist Gottes, der in ihm göttliches Leben verkörpert. Dieser Geist ist eine Einstellung, die der Glaube uns Christen ebenfalls gibt, mit der Taufe als Verheißung und dann im Vollzug des Glaubens. Es geht nicht um das Was des Glaubens, sondern um das Wie. Jesus, Gottes Sohn wird als Mensch geboren, damit wir Gott als Menschen nahe kommen können. Das ewige Leben sollte heute nicht mehr in einer Zukunftsvorstellung gesehen werden. Dann verschieben wir das Heil Gottes nur auf den anderen Tag und vermeiden es, damit in der Gegenwart zu leben. Ewiges Leben heißt in unserem Zusammenhang, dass die Lebenswelt immer auch einen Glaubensaspekt hat, sie wird vom Glauben durchdrungen. Gottes Geist ist das Licht der Welt, konkret dann, wenn wir das Licht brauchen. Der Geist Gottes macht das Leben zu einem ewigen, göttlichen Leben, verändert es und lässt es doch, so wie es ist. Wir sind Sünder und Gerechtfertigte zugleich, so sagte es Luther. Doch als solche dürfen wir uns vom Geist der Liebe anstecken lassen. Gottes Liebe wird praktisch erfahrbar. Sie bleibt nicht fremd. Sie ist der Geist, der uns antreibt.

Zwei Sätze von Angelus Silesius zum Schluss[7]:

Spruch 17: Ich auch bin Gottes Sohn, ich sitz an seiner Hand. Sein Geist, sein Fleisch und Blut ist ihm an mir bekannt.

Spruch 23: Ich muß Maria sein und Gott aus mir gebären, Soll er mich ewiglich der Seligkeit gewähren.

Amen.

[7] Quelle: Angelus Silesius: Der cherubinische Wandersmann, im Internet verfügbar unter: http://www.zeno.org/Literatur/M/Angelus+Silesius/Gedichte/Cherubinischer+Wandersmann

Predigt über Matthäus 9, 9-13 – Anspruch und Wirken Jesu

Sonntag Septuagesimae

Verlesung des Predigttextes (Gute Nachricht-Bibel):

*9 Jesus ging weiter und sah einen Zolleinnehmer an der Zollstelle sitzen. Er hieß Mat-
thäus. Jesus sagte zu ihm: „Komm, folge mir!" Und Matthäus stand auf und folgte
ihm. 10 Als Jesus dann zu Hause zu Tisch saß, kamen viele Zolleinnehmer und andere,
die einen ebenso schlechten Ruf hatten, um mit ihm und seinen Jüngern zu essen. 11
Die Pharisäer sahen es und fragten die Jünger: „Wie kann euer Lehrer sich mit den
Zolleinnehmern und ähnlichem Volk an einen Tisch setzen?" 12 Jesus hörte es und
antwortete: „Nicht die Gesunden brauchen den Arzt, sondern die Kranken! 13 Über-
legt doch einmal, was es bedeutet, wenn Gott sagt: 'Ich fordere von euch nicht, dass
ihr mir irgendwelche Opfer bringt, sondern dass ihr barmherzig seid.' Ich bin nicht
gekommen, solche Menschen in Gottes neue Welt einzuladen, bei denen alles in Ordnung ist, sondern solche, die Gott den Rücken gekehrt haben."*

Liebe Gemeinde,

wir haben eine Erzählung aus dem Leben Jesu gehört und sind sofort hinein genommen in die Phase des Wirkens und der Predigt des Messias. Man sollte sich vor Augen halten, dass für die Zeit zwischen Weihnachten und der Passion Jesu Erzählungen der Evangelien ausgesucht sind, die typisch sind für den Anspruch und das Wirken Jesu und zugleich, weil hierin schon ein wenig die Anstößigkeit deutlich wird, die letztlich zu seiner Kreuzigung geführt hat. Wir wissen zugleich, dass Jesus als der Sohn Gottes geglaubt und angesehen wird, dass er den Geist Gottes empfangen hat, den er immer wieder empfängt und an seine Zuhörerinnen und Zuhörer weitergibt. Auch die Tatsache seiner Berufung bleibt nicht exklusiv, sondern führt zu den Berufungen, die er selbst durchführt. Dies geschieht nicht auf einmal, sondern nach und nach. Von einer solchen Jüngerberufung ist auch in diesem Text die Rede. Zunächst möchte ich mit Ihnen und Euch ein wenig in die Erzählung des Textes hineinhorchen und einige Beobachtungen sammeln. Da es bei einer Erzählung im Prinzip auf die handelnden oder beteiligten Personen ankommt, geht es zunächst darum, diese aufzuzählen und nach ihrer Bedeutung zu fragen:

Die erste Person ist Jesus selbst, der hier mit Namen genannt wird. Er geht aus der Stadt heraus, die einige Verse zuvor als „seine Stadt“ bezeichnet worden ist. Gemeint ist wohl Kapernaum am See Genezareth. Er passiert die dortige Zollstelle. Der Zolleinnehmer wird in ein Gespräch verwickelt, von dem wir nichts erfahren. Wir erfahren allerdings seinen Namen. Er heißt Matthäus. Das ist interessant, weil das Evangelium, das wir lesen, auch nach einem Matthäus benannt ist. Von diesem Jünger bekommt das Evangelium seinen Namen. Der Verfasser dieses Buches ist der ehemalige Zolleinnehmer aus Kapernaum. Da nichts Gegenteiliges erzählt wird, muss man dieses Buch so lesen. Und ist das ein Problem, ein Makel, dass dieser schreibende Jünger ein Zöllner war? Für Jesus ist das kein Problem. Er hat ihn zur Nachfolge aufgefordert. Die Szene wechselt, und wir werden nun Zeugen eines Essens. Jesus ist bei Matthäus zu Besuch. Das ist einzusehen, da ja das weitere Vorgehen besprochen werden musste. Wird Matthäus ein mit Jesus umherziehender Jünger oder bleibt er an seinem Wohnort? Dazu wird nichts gesagt. Doch da der Erzähler wie ein Chronist die Begebenheiten des Lebens Jesu nacherzählt, sehen wir Matthäus in der Rolle eines Begleiters Jesu. Zunächst bleiben die Jünger Jesu ja auch mit ihm zusammen. Zwischendurch werden sie dann aber auch eine Zeit lang allein ausgesandt, um wie er die Botschaft vom Reich Gottes zu verkündigen. Schon hier ist Jesus nicht immer in der Begleitung aller Jünger, denn, ich greife vor, einige von ihnen sprechen mit Pharisäern und Schriftgelehrten, die all dies beobachten.

Doch zunächst müssen wir erneut auf die Personenfrage eingehen. Wir sehen noch genauer hin, wer denn da mit Jesus und Matthäus zusammen ist und redet. Da ist von Zöllnern und Sündern die Rede, von Menschen, die einen schlechten Ruf hatten. Ganz konkret erfahren wir gar nicht, wer dazu gehört, nur dass es viele waren. Auf diese Mahlzeit folgt nun das Gespräch der Jünger mit den Pharisäern. Indirekt wurde schon angedeutet, dass es darum gehen würde, denn sonst wäre die Begleitung der Zöllner nicht als Sünder, als Menschen mit schlechtem Ruf bezeichnet worden. Irgendjemand muss ja an dem Ruf eines Menschen Anstoß nehmen und diese Personengruppe ist damit gemeint. Hier müssen zwei Fragen beantwortet werden. Wo findet dieses Gespräch mit den Jüngern statt? Und: Was ist damit gemeint, dass die Pharisäer diese Situation gesehen haben?

Auffällig ist hier schon einmal die Pauschalierung. Wer ist überhaupt mit „die Pharisäer“ gemeint? Wir wissen heute, dass die Verkündigung Jesu in der Frage der Auferstehung sogar durchaus der Meinung der Pharisäer entsprach, er also auch ein Pharisäer oder ein ehemaliger Pharisäer war. Weiterhin wissen wir, dass es eine Bezeichnung für Menschen war, die eine strenge Auslegung der Bibel für alle Lebensbereiche wollten, wie die Einhaltung der jüdischen Sitten und Gebräuche, Beschneidung, Speisegebote usw. Die Diskussion um ein liberales Verständnis des Judentums spielt hier hinein. Jesus war eindeutig auf der liberalen Seite und machte sich bei den judäischen Nationalisten unbeliebt. Und dafür stehen viele Texte der Evangelien. Die Beurteilung der sogenannten Sünder, auch die Rolle der Frauen in Jesu Nähe und der Kontakt zu Menschen anderer Nationen und anderen Glaubens zeigt, dass Jesus diese Begrenzungen nicht so wichtig waren. Dies entsprach seiner Predigt: Gott macht keine Unterschiede. Wir alle sind Kinder Gottes. Das Reich Gottes steht allen offen. Zurück zur Erzählung. Ich lese hier vier voneinander klar abgeteilte Szenen: Die erste Szene ist die Berufung des Zöllners Matthäus am Zoll. Die zweite Szene ist die Mahlgemeinschaft und das Gespräch evtl. auch die Predigt Jesu im Haus des Matthäus. Die dritte Szene ist das Gespräch der Jünger mit den Pharisäern. In der vierten Szene berichten die Jünger dieses Gespräch und Jesus antwortet darauf den Jüngern.

Fragen wir nach den Personen, so kommen in der Antwort Jesu noch weitere Begriffe hinzu, die auch im Blick bleiben sollten: Zunächst ist vom Arzt die Rede, einer Bezeichnung, mit der Jesus sich offensichtlich selbst meint. Dabei ist zugleich die Rede von den Kranken und den Gesunden. Der Unterschied zwischen Krankheit und Gesundheit ist im Evangelium ja sehr deutlich. Es geht keinesfalls nur um die Medizin im engeren Sinn, da Jesus – durchaus auch – als ein Geistheiler auftritt. Es geht auch in diesem Fall vor allem um die Ausgrenzung. Oft werden die Kranken auch nicht nur als die Aussätzigen buchstäblich oder übertragen als Ausgestoßene oder Ausgegrenzte bezeichnet. Wenn sie durch Jesus geheilt werden, dann werden sie in die Gemeinschaft wieder aufgenommen. Das gilt auch für die, die als die Besessenen bezeichnet werden. Ihr böser Geist wird durch den Geist Gottes vertrieben und so können sie wieder in die Gemeinschaft zurückkehren. Nicht selten werden Bürgerinnen und Bürger die Haltung der Ausgrenzung beibehalten haben, auch wenn die Kranken längst geheilt waren. Da es in diesem Text nicht um die Kranken geht, sondern um die Berufung des Zöllners Matthäus und um die Mahlgemeinschaft mit den Menschen, die einen ebenso schlechten Ruf hatten, ist dieser Spruch hier symbolisch gemeint: Die Kranken suchen sich ihren Arzt ja selbst aus, und das sollte auch so sein. Der Arzt lässt sich darauf ein, weil er schon von Berufs wegen zu den Kranken geschickt ist, um seine Aufgabe der Heilung auch vollziehen zu können. Heilung und Gemeinschaft gehören hier zusammen. Dieses Bild wird im Schlusssatz übersetzt. Jesus sagt: „Ich bin gekommen, die Sünder zu rufen, nicht die Gerechten." Zuvor erwähnt er allerdings noch ein Bibelzitat, ein Wort aus dem Buch des Propheten Hosea: „Ich habe Wohlgefallen an Barmherzigkeit und nicht am Opfer." Auch hier stellt Jesus die Gemeinsamkeit mit den Pharisäern her, denn es ist ihm wichtig, sich auf die Bibel berufen zu können. Jesus wird als Ausleger der Bibel verstanden. Damit wird die Auslegung der Pharisäer von ihrer eigenen Grundlage her hinterfragt und eine weitere Person, wenn man so will, kommt ins Spiel, nämlich Gott. Dass Jesus selbst Gottes Wort ist und spricht, ist zwar das Bekenntnis der späteren Gemeinde, aber innerhalb des Judentums ist es damals noch wichtig gewesen, sich auf die hebräische Bibel, auf unser altes Testament berufen zu können. Hier ist Gottes Wort. Und damit wird gezeigt, dass Jesus ein Jude war, sich als Jude verstand und so auch an Gott glaubte, der sich durch die Worte der Bibel zu erkennen gibt. Die liberalere Auslegung, die Jesus und seine spätere Gemeinde bewusst gewählt hat, ist eine legitime Form des Glaubens im Sinn der jüdischen Religion. Diese Auslegung sprengt das Judentum, indem das Bekenntnis zu Jesus als Messias diese beiden Religionen trennt und aufspaltet. Hier aber, im Matthäusevangelium, wird noch die Gemeinsamkeit betont.

Ich möchte noch einmal zusammenfassend die vielen Personen aufzählen, die in der Geschichte vorkommen: Jesus, der Zöllner und spätere Jünger Matthäus, die Zöllner und andere Personen mit schlechtem Ruf in seinem Haus, die Jünger, die Pharisäer, die Jesus als Lehrer bezeichnen, und in der Antwort Jesu werden noch direkt oder indirekt genannt: die Gesunden oder die Starken, der Arzt, die Kranken, die Sünder, die Gerechten und Gott als die Quelle des Bibelzitats, in dem noch die Barmherzigen und die Opfernden genannt werden.

Diese Vielzahl der Rollen und Personen in einer Geschichte werden zu einem Netz verknüpft, dessen Mitte Jesus ist, indem er einen Menschen zum Jünger beruft und zur Nachfolge auffordert, indem er mit anderen Menschen zusammen isst, mit Jüngern und mit Fremden, und indem er redet und interpretiert, sowohl den Zöllnern, als auch seinen Jüngern und indirekt auf den Gegnern gegenüber. Um eine Lesart eines antijüdischen Vorurteils auszuschließen, zitiert Jesus die Bibel und zeigt, wie er sich auch in seiner liberalen Schriftauslegung hineinstellt in diesen biblischen Bund, ja sogar dessen Messias und Zeuge ist. Wenn keine Abgrenzung dem Judentum gegenüber gemeint ist, dann ist dieses Christentum zu dieser Zeit noch im Übergang und in der Phase der beginnenden Abtrennung vom Judentum begriffen. Auch für Jesus, auch für die christliche Gemeinde ist die Bibel Gottes Wort, auch wenn auf das Opfer verzichtet wird, die Speisegebote frei ausgelegt werden und die Beschneidung des Fleisches durch die Beschneidung im geistigen Sinn, Beschneidung des Herzens, ersetzt worden ist. Sicherlich waren dies auch aus unserer Sicht tiefgreifende Veränderungen in der jüdischen Religion, die jedoch in einer Situation starker Unsicherheit geschahen und die Anpassung, ja die Übertragung der biblischen Botschaft in die Situation der römischen und griechischen Antike möglich machten.

Doch was heißt das alles für uns heute? Jesus knüpft hier im Matthäusevangelium nicht zufällig an die Botschaft Hoseas an, die damals sicherlich noch nicht zur Abschaffung eine Opferkults geführt hat: Ich glaube an Gott, der Barmherzigkeit und nicht Opfer will. Ausgeweitet auf den gesamten Inhalt der Geschichte auch: Ich glaube an den Gott Jesu, der die Ausgrenzungen beendet und überwindet. Ich glaube an den Gott, der die Vorurteile überwindet und als Selbstrechtfertigungen offenlegt. Ich glaube an eine offene Gemeinschaft der Jüngerschaft Jesu, die Menschen einlädt und hinzunimmt, die sich wie Matthäus von Gott in die Nachfolge rufen lassen. Diese Botschaft gilt in jeder Zeit immer wieder neu. Die Kirche Jesu ist so gesehen in aller Bindung an das Wort Gottes tatsächlich im ernsten Sinn liberal. Sie ersetzt die Zeichen des Zwangs und die Vorschriften durch die Zeichen der freien Entscheidung und die Auslegung der Worte Gottes. Man kann sagen: Christsein ist ein fortwährender Prozess der Auslegung dieser Botschaft, die hier auf die kurze Formel gebracht will: „Ich habe Gefallen an Barmherzigkeit und nicht am Opfer.“

Wichtig ist, dass es hier auch keine Denkverbote geben kann. Wer dafür ist, dass die Kirche sich für die Rechte von Lesben und Schwulen öffnet, der muss auch genauso gut bereit sein, mit einem Wirtschaftsfunktionär zu reden und seine Meinung anzuhören. Wichtig ist auch zu sehen, dass Jesus in der Gesellschaft lebt und handelt und die Gesellschaft zuerst einmal so voraussetzt, wie sie ist. Die Ethik Jesu, so wie sie hier vom Matthäus her erscheint, ist keine Ethik einer zweiten Gesellschaft der Anderen oder der Mitte. Jesus öffnet diese Gemeinschaft in immer neuen Tischgemeinschaften, zu denen er immer wieder neue Menschen hinzu beruft. Letztlich ist auch die Auferstehung nichts anderes als das Zeichen dafür, dass auch diese letzte Grenze, der Tod keine wirkliche Grenze mehr ist. Eine Religion, die im Namen Jesu immer wieder neue Grenzen aufrichtet, ist nicht die Religion, an die Jesus geglaubt und die er gelebt hat, ja die er uns bis heute immer wieder verkündigt.

Amen.

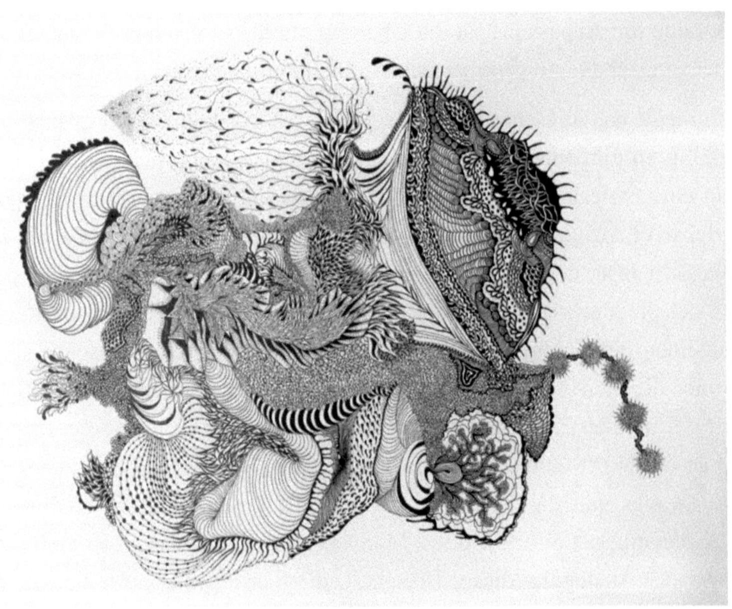

Susan Schöne, Eigenleben, Tusche auf Papier, ca. 50 x 60

Predigt über Johannes 6, 47-51 – Das Brot des Lebens

Sonntag Lätare

Verlesung des Textes (Lutherbibel):

47 Wahrlich, wahrlich, ich sage euch: Wer glaubt, der hat das ewige Leben. 48 Ich bin
das Brot des Lebens. 49 Eure Väter haben in der Wüste das Manna gegessen und sind
gestorben. 50 Dies ist das Brot, das vom Himmel kommt, damit, wer davon isst, nicht
sterbe. 51 Ich bin das lebendige Brot, das vom Himmel gekommen ist. Wer von diesem
Brot isst, der wird leben in Ewigkeit. Und dieses Brot ist mein Fleisch, das ich geben
werde für das Leben der Welt.

Liebe Gemeinde,

vermutlich ist es eine ziemliche Anmaßung, das Wort „Ich" oder die Aussage „Ich bin" so zu gebrauchen, wie das hier bei Jesus der Fall ist. Für uns käme das „Ich bin" eventuell mit unserem Namen in Frage, dazu mit einigen Personalien, wie z. B., ich bin verheiratet oder Single, bin Deutscher, bin evangelisch usw. Aber kaum jemand würde dagegen sagen: „Ich bin ein Hund", oder „ich bin ein Fluss", oder „ich bin ein Lebensmittel". Das würde als unpassend empfunden, obwohl man solche Vergleiche anderen Menschen gegenüber schon gebrauchen würde, entweder, um sie zu loben oder hervorzuheben, oder manchmal auch, um sie zu beleidigen. Aber Eigenlob gilt als vermessen, und selbst beleidigen würde man sich ja wohl kaum.

In der Bibel dagegen ist „Ich bin" noch in anderer Hinsicht besonders hervorzuheben, da es mit dem Namen Gottes in Beziehung steht. Der ursprüngliche Gottesname in Israel hieß: Jahwe – „Ich bin der ich bin" oder „Ich bin, der ich sein werde". Das heißt: Ich werde dabei sein; ich werde mich zeigen; ich bin da. Jesus wird als Sohn Gottes auch mit diesem „Ich bin" in Verbindung gebracht, aber nicht so allgemein, sondern bezogen auf sein Leben und seine Botschaft. Das Johannesevangelium überliefert sieben „Ich bin" Worte von und über Jesus. Hier ist die Besonderheit, dass die Bezeichnungen Jesu auf seine ganze Person und Sendung bezogen werden können. Das Johannesevangelium ist in dieser Hinsicht Erzählung, kein Augenzeugenbericht.

Die Rede Jesu ist nicht wörtlich zu verstehen. Sie bietet die religiöse Interpretation des Evangelisten Johannes. In den dort überlieferten Worten Jesu geht es immer auch zugleich um seine Bedeutung, wie das etwa in einer Predigt vorkommen könnte. Das ist der Gemeindebezug des Johannesevangeliums.

Ich möchte daher zunächst diesen kurzen Abschnitt über das Brot des Lebens auf Jesus hin auslegen. Der Evangelist Johannes stellt Jesus heraus als Lebensmittel für das ewige Leben, gegen den Tod und für das Leben der Welt.

Das Wort „Lebensmittel" klingt angesichts unserer derzeitigen Lebensmittelskandale provokant. Wer mindestens eine Tasse Reis benötigt, ist mit einem guten Wort sicherlich auch nicht zufrieden zu stellen. Der Hunger in der Welt ist nach wie vor ein großer Skandal. Dazu kann man nicht vordergründig eine religiöse Antwort geben, obwohl in einem zweiten Schritt dieses Thema auch wieder ins Bewusstsein gerufen werden sollte. Zunächst ist das, was Jesus hier mit „Ich bin" bezeichnet, rein symbolisch gemeint und auf die Botschaft vom Heil Gottes bezogen. Dabei ist Religion gar nicht unbedingt unpolitisch. Aber sie gibt auf die politischen Fragen keine direkte politische Antwort. Das Brot des Lebens ist noch nicht einmal automatisch das Brot für die Welt. Andererseits ist es durchaus möglich und sinnvoll, mit Jesus zu beten „Unser tägliches Brot gib uns heute".

Wir sind in unseren Überlegungen ausgegangen von dem ausdrücklichen „Ich bin" - Wort Jesu und sehen nun in diesem Bibeltext einmal etwas genauer danach, was Jesus mit diesem Ich verbindet. Von den Aussagen über das Brot in Verbindung mit „Ich bin" fallen drei Ausdrücke besonders ins Auge:

- Ich bin das Brot des Lebens.
- Ich bin das lebendige Brot, das vom Himmel gekommen ist.
- Dieses Brot ist das Fleisch, das ich geben werde für das Leben der Welt.

Wir sehen allein an diesen Sätzen drei klare Aussagen über das Lebensmittel „Brot", das Jesus für die Hörerinnen und Hörer, ja für alle Christen darstellt. Das Brot wird zuerst bezeichnet. Das ist auch bei jedem anderen Brot üblich. Es ist kein Roggenbrot, kein Weizenbrot, sondern ein Brot des Lebens. Dann geht Jesus auf die Herkunft dieses Brotes ein, wodurch vollends klar ist, dass der Begriff Brot hier symbolisch gebraucht wird. Es ist das lebendige Brot, das vom Himmel gekommen ist. Das lebendige Brot, damit ist also Jesus als Person gemeint, zugleich aber auch seine Bedeutung und sein Wirken, als das Wort, das vom Himmel gekommen ist. Das dritte ist das, was das Brot bewirken soll, wozu es da ist, welchen Zweck, welche Aufgabe dieses Brot hat. Es ist das Fleisch für das Leben der Welt. Für unsere Ohren klingt das Wort Fleisch in diesem Zusammenhang ein wenig komisch, dass hier Brot auf einmal zum Fleisch wird. Ist eine Lebensmittel-Verwechslung? Keineswegs. In der Bibel steht Fleisch immer im Gegensatz zum Wort und zum Geist. Wenn wir diesen Gegensatz mitdenken, schließt das Wort Fleisch, das uns hier irritiert, den Sinn des Textes geradezu auf, denn vorher musste vom Wort die Rede sein, das nun praktisch angewandt wird. Fleisch heißt hier also im Gegensatz zum Geist und zum Wort: Praxis, Handlung, Vollzug des Glaubens im Alltag.

Ich ergänze also zunächst aus dem Zusammenhang des Textes einige Ausführungen, in denen indirekt vom Wort und vom Geist die Rede ist und zwar durch das „Ich“ Jesu. Jesus ist das Wort. Wer das bezweifelt, sollte sich den Anfang des Johannesevangeliums ins Gedächtnis rufen. Es heißt nicht nur „Am Anfang war das Wort“, sondern auch, „das Wort ward Fleisch und wohnte unter uns“. Viele Geschichten und Ausführungen dieses Evangeliums sind also nun kaum etwas anderes, als die Erklärung dieser Aussage, mit denen das Johannesevangelium die Bedeutung Jesu schon vom ersten Kapitel an erklärt.

Immer müsste man also den Begriff Wort zu dem Namen Jesus hinzudenken:

- Jesus gibt – als Wort – das ewige Leben.
- Jesus ist – als Wort – das Brot des Lebens.
- Jesus ist – als Wort – vom Himmel gekommen, um den Tod zu überwinden.
- Jesus ist – als Wort – eine Person, die sich für das Leben der Welt hingibt und einsetzt.
- Jesus ist – als Wort – eine Erklärung für den Sinn des Lebens.

Doch wie kommt dieses alles bei den Menschen an, wenn hier nicht wirklich Brot verteilt wird oder wenn, dann eher symbolisch? Was soll dieses Wort bewirken, wenn es denn so wichtig ist für das Leben, wenn es den Tod überwindet, sich für das Leben der Welt einsetzt und den Sinn des Lebens vermittelt? Ganz klar ist hier die Rede von der Religion, die durch Jesus in die Welt gekommen ist. Es ist eine Religion, die auf dem Fundament des Judentums entstanden ist. Viele Begriffe haben ihre Erklärung im Alten Testament. Aber die Bedeutung Jesu geht nun doch darüber hinaus, indem er Menschen nicht aus dem Bund mit Gott ausschließt, sondern geradezu das Leben der ganzen Welt einlädt in diesen Bund.

Ich möchte zur dieser Erklärung Jesu als das Wort und die Botschaft ein Gebet von Wilhelm Willms zitieren[8]. Da es ein Abendmahlsgebet ist, wird auch ausdrücklich aufs Brot Bezug genommen:

wir danken dir gott/ um jesu willen/ der als ein licht/ in unsere welt eintrat/ wir danken dir um jesu willen/ der im hunger dieser welt/ zum brot wurde/ und im durst dieser welt/ zum trank/ wir danken dir um jesu willen/ der unter uns mensch wurde/ der unter uns mensch war/ der unter uns mensch blieb/ bis zuletzt/ wir danken dir gott/ um jesu willen/ der für uns brot war/ der für uns mensch war/ der für uns die hoffnung geworden ist/ der ein könig war/ der ein könig blieb/ der für uns zum himmel auf erden/ wurde/ wir danken dir um jesu willen/ der von dir sprach/ wie nie einer zuvor/ der dich bezeugte/ glaubwürdig/ bis aufs blut/ bis in den tod/ und der darum für uns lebt/ unauslöschlich lebt/ als unser herr/ als unser könig

Ausgehend von diesem Gebet komme ich nun zur Frage, wie „Wir", die Hörerinnen und Hörer hier, in diesem Abschnitt aus dem Johannesevangelium vorkommen. Dabei sollten wir uns, ruhig an die Stelle der Hörerinnen und Hörer des ursprünglichen Textes, ja vielleicht sogar der originalen Rede Jesu selbst setzen. Wir können nämlich feststellen, dass Jesus die Hörerinnen und Hörer direkt anspricht. Hier fallen mir vier Sätze ins Auge:

- Eure Väter in der Wüste ... sind gestorben.
- Wer von diesem Brot isst ... wird leben.
- Dieses Brot ... ist gegeben ... für das Leben der Welt.
- Der erste Satz lautet: Wer glaubt, der hat das ewige Leben.

---

[8] Wilhelm Willms: roter faden glück, lichtblicke. Kevelaer, [5]1988

Es sind vier Worte, die damit auf uns Bezug nehmen: Sterben, Essen, Leben und Glauben.

1. Die Bezugnahme auf das Sterben ist zugegebenermaßen etwas eigenartig. Die „Väter haben in der Wüste Manna gegessen und sind gestorben", so heißt es. Das ist ja zunächst verwunderlich, weil das Volk Israel unter den Bedingungen der Wüstenwanderung von diesem Wunder erst einmal insofern profitiert hat, dass sie weiterleben konnten. Dass sie dann irgendwann trotzdem gestorben sind, natürlicherweise, konnte durch das Manna nicht verhindert werden. Sie sollten nur eben nicht in der Wüste jämmerlich verhungern. Was hier wirklich gemeint ist, wird mit dem Wort „ewiges Leben" angedeutet. An anderer Stelle sagt Jesus „Ich bin die Auferstehung und das Leben. Wer an mich glaubt, wird leben, auch wenn er stirbt". Die Frage ist, warum die jüdische Gemeinde einen anderen Umgang mit dem Tod braucht, als zur Zeit der Wüstenwanderung? Warum brauchen wir einen anderen Umgang mit dem Tod, und was bedeutet dieses Weiterleben nach dem Tod für uns? Häufig wird angenommen, dass das Leben nach dem Tod für etwas entschädigt, das man im Leben nicht oder nicht genug gehabt hat. Die Rede vom Paradies geht wohl in diese Richtung. Manchmal hört man dabei so etwas wie ein Punktesystem, mit dem alle Glaubenspunkte und alle guten Taten nach dem Tod vergolten werden. Ist so etwas wirklich gemeint? Außerdem geht es in diesem Zusammenhang um das Brot, um ein Mittel zum Leben. Der Tod macht Leben zunichte. Das Wort Gottes dagegen überdauert den Tod, wenn es weitergetragen und weiter gelebt wird. Die Auferstehung ist eine geistige, keine materielle Realität für die kommenden Generationen. Es geht nicht um die Frage: Wozu brauche ich das ewige Leben?, sondern um die Frage: Welches Verhalten schaltet den Tod aus, der als Machtmittel den Menschen Angst macht und womit Macht ausgeübt wird?

2. Wer von diesem Brot isst, wird leben. Es ist zuvor klar geworden, dass hier eher eine geistige Realität gemeint ist als eine reale. Doch das, was hier geistig genannt werden muss, ist für das Reale eine Voraussetzung, von hier her wird die Realität gestaltet oder besser gesagt, umgestaltet. Wenn es heißt, „dass, wer von diesem Brot isst leben wird in Ewigkeit", dann ist da wohl nicht ein zukünftiges Paradies nach dem Tod gemeint, sondern ein Leben, das die gerechten Verhältnisse im Hier und Jetzt einschließt. In Ewigkeit, das muss auch ein wenig politisch verstanden werden

und lautet dann: Die Menschen werden nicht mehr von den mehr oder weniger zufälligen Momenten des materiellen Wohlstands abhängig sein, abhängig von den Mächten, die in der Welt über Wohlstand und Hunger entscheiden. Es geht Jesus gerade nicht um den materiellen oder geistigen Profit, sondern um das wirkliche Leben.

3. Das Brot des Lebens ist gegeben für das Leben der Welt. Das geschieht auch so, dass Jesus selbst verdeutlicht, wie er das versteht. Das Brot zu teilen und sich selbst hinzugeben, das ist für ihn das Gleiche. Das Kreuz war von den einen als Machtinstrument gedacht, mit dem man Völker beherrscht. Für die Christen wird das Kreuz Jesu zum Zeichen des Teilens und einer Welt, in der das Brot gerecht verteilt (ein doppeltes „teilen") wird und ewiges Leben herrscht. Diese Vorstellung des Ewigen hat nicht mit Zeitlosigkeit zu tun, sondern mit dem Wort göttlich, oder himmlisch.

4. „Wer glaubt, hat das ewige Leben." Die Frage, auf die dieser Satz antwortet, ist die Frage nach dem Sinn des Lebens. Dort, wo das Leben nicht auf Berechnung beruht, sondern auf Vertrauen, dort beginnt das ewige Leben. Gewalt und Liebe schließen sich aus. Die Kirche ist keine Macht-Institution, und wo sie eine solche war und ist, wird sie sich verändern müssen. Sie ist allein Kirche des Wortes, ohne äußere Gewalt. Sie kann nichts mit Macht durchsetzen, sondern vertraut allein darauf, dass sie das Wort von selbst durchsetzt. Das ewige Leben ist das geteilte Brot, das Leben und Hingabe Jesu immer wieder neu in die Gegenwart holt. Das Vertrauen überwindet den Tod, weil es durch den Tod nicht beendet wird, weil es eine Erfahrung ist, die sich immer weiter verbreitet, die keine Mauern und Grenzen aufrichtet, sondern solche öffnet, wo sie bestehen. Der Tod ist das Bild der Grenze, die überwunden wird. Das Brot ist das Bild der Gerechtigkeit, die alle Menschen erreicht. Wir leben heute in einer Zeit, in der all dies zur Bedingung des Überlebens für den ganzen Planeten geworden ist. „Wer glaubt, der hat das ewige Leben."

Amen.

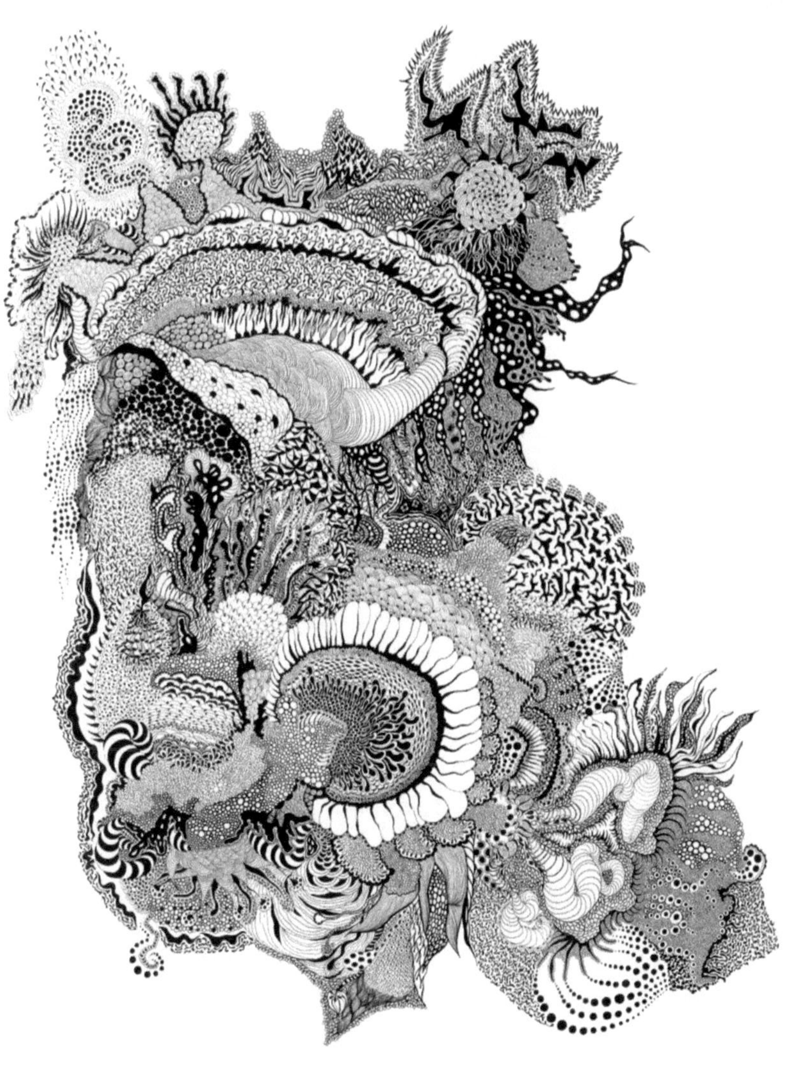

Susan Schöne, Schwarz auf Weiß, Mischtechnik auf Leinwand, 100 x 120 cm

Karfreitagspredigt über Matthäus 27, 33-54

Verlesung des Textes (Lutherbibel):

Und als sie an die Stätte kamen mit Namen Golgatha, das heißt: Schädelstätte, gaben sie ihm Wein zu trinken mit Galle vermischt; und als er's schmeckte, wollte er nicht trinken. Als sie ihn aber gekreuzigt hatten, verteilten sie seine Kleider und warfen das Los darum. Und sie saßen da und bewachten ihn. Und oben über sein Haupt setzten sie eine Aufschrift mit der Ursache seines Todes: Dies ist Jesus, der Juden König. Und da wurden zwei Räuber mit ihm gekreuzigt, einer zur Rechten und einer zur Linken. Die aber vorübergingen, lästerten ihn und schüttelten ihre Köpfe und sprachen: Der du den Tempel abbrichst und baust ihn auf in drei Tagen, hilf dir selber, wenn du Gottes Sohn bist, und steig herab vom Kreuz! Desgleichen spotteten auch die Hohenpriester mit den Schriftgelehrten und Ältesten und sprachen: Andern hat er geholfen und kann sich selber nicht helfen. Ist er der König von Israel, so steige er nun vom Kreuz herab. Dann wollen wir an ihn glauben. Er hat Gott vertraut; der erlöse ihn nun, wenn er Gefallen an ihm hat; denn er hat gesagt: Ich bin Gottes Sohn. Desgleichen schmähten ihn auch die Räuber, die mit ihm gekreuzigt waren. Und von der sechsten Stunde an kam eine Finsternis über das ganze Land bis zur neunten Stunde. Und um die neunte Stunde schrie Jesus laut: Eli, Eli, lama asabtani? *Das heißt: Mein Gott, mein Gott, warum hast du mich verlassen? Einige aber, die da standen, als sie das hörten, sprachen sie: Der ruft nach Elia. Und sogleich lief einer von ihnen, nahm einen Schwamm und füllte ihn mit Essig und steckte ihn auf ein Rohr und gab ihm zu trinken. Die andern aber sprachen: Halt, lass sehen, ob Elia komme und ihm helfe! Aber Jesus schrie abermals laut und verschied. Und siehe, der Vorhang im Tempel zerriss in zwei Stücke von oben an bis unten aus. Und die Erde erbebte, und die Felsen zerrissen, und die Gräber taten sich auf, und viele Leiber der entschlafenen Heiligen standen auf und gingen aus den Gräbern nach seiner Auferstehung und kamen in die heilige Stadt und erschienen vielen. Als aber der Hauptmann und die mit ihm Jesus bewachten das Erdbeben sahen und was da geschah, erschraken sie sehr und sprachen: Wahrlich, dieser ist Gottes Sohn gewesen!*

Liebe Gemeinde,

zunächst sollten wir uns mit der Frage beschäftigen, wie wir diese Geschichte von der Kreuzigung Jesu gehört haben, und welche Gedanken uns dabei beschäftigt haben. Zunächst wird es uns leicht gemacht, uns das Ereignis vorzustellen. Wir kennen den Ort und seinen grausamen Namen. Dieser Name „Golgatha" ist in die Weltgeschichte eingegangen. Er steht heute neben anderen Ortsnamen wie Auschwitz, Hiroshima, Verdun. Der Todesort Jesu, die Schädelstätte Golgatha, ist Symbol geworden für alles ungerechte und willkürliche Töten, das unter Beteiligung von Staaten geschieht. Und die Geschichte ist in ihrem politischen Gewicht deutlich genug markiert. Der Name des Statthalters Pontius Pilatus hat es immerhin bis ins Glaubensbekenntnis geschafft und wird jedes Mal genannt, wenn vom Kreuzestod Jesu die Rede ist. Der König der Juden wird mit Räubern gekreuzigt. Die Kreuzigung sollte ohnehin als Abschreckung gegen die unterjochten Völker verwendet werden. Die Römer hatten Spaß am öffentlichen Schauspiel der Hinrichtung. Jesus fällt unter die Soldaten, die um sein Gewand würfeln. Von Seiten der Hohenpriester und Schriftgelehrten und Ältesten kommt Hohn und Spott. Jesus stirbt schreiend einen grausamen Tod. Diese Art der Hinrichtung ist nicht nur dazu da, Menschen nicht so schnell wie möglich zu töten und zu beseitigen, sondern auch, sie qualvoll und öffentlich sterben zu lassen. Die Kreuzigung zeigt uns daher einen sterbenden Menschen. Neben der Tatsache der Hinrichtung treten Tod und Sterben als Vorgang in den Vordergrund. Was zunächst banal klingt, ist eine Botschaft: Der Erlöser stirbt als Mensch. Dadurch wird die Erzählung der Kreuzigung zum Drama. Immer wieder werden seine Bedeutung als Messias und Retter und seine Machtlosigkeit kontrastvoll gegeneinander gestellt. Zuletzt heißt es: Dieser ist Gottes Sohn gewesen. Späte Anerkennung seines Anspruchs, aber deutlich in der Vergangenheit. Gottes Sohn – ja, er war es, aber jetzt ist er tot. Sicherlich bebte die Erde und schon war die Auferstehung einiger Toter zu beobachten. Von dem Gekreuzigten ist hier aber nicht die Rede. Er war der König der Juden, er war Gottes Sohn, aber jetzt ist er gestorben. Die Perspektive der Geschichte macht uns zu Beteiligten, zu Angehörigen, zu Trauernden. Das ist unsere Beteiligung, unser Thema, die Trauer über das Sterben Jesu: Wir erleben seinen Tod. Auch wir empfinden Ärger und Wut gegen die Anderen, die Täter, die Zuschauer. Wir sind stolz auf Jesus, der seinen Weg geht, in den Tod hinein. Jesus, Gottes Sohn, der Juden König, vollbringt kein Wunder für sich selbst. Er akzeptiert den Tod, obwohl er ungerecht ist. Jesu Leben geht bei Gott weiter. Er stirbt für uns Menschen. Damit ist und bleibt Jesus Opfer im Sinn des englischen Wortes *victim*. Jesus ist unschuldiges Opfer einer zynischen Gewalt. Das andere Wort Opfer, mit dem das Blut des Lebendigen dem Schöpfer zurückgegeben wird auf dem Altar, kann mit dieser Kreuzigung nicht in Verbindung gebracht werden. Die Gewalt der Römer durchkreuzte Gottes Macht. Sie stellte den Gott der Juden bloß. Er ist Gegenstand der Anbetung und des Wunders, aber vermag nichts gegen Waffen und zynische Gewalt. Die zwielichtige Rolle der Hohenpriester lässt diese Deutung vielleicht zunächst ins Leere laufen, doch sind sie ja letztlich auch nur Diener der Macht und meinen sich dazu die Person des Statthalters zu Nutze zu machen. Alles, was diesen Menschen Jesus ausmachte, ist nun tot. Er ist als Mensch gestorben.

Was aber macht diese Geschichte von der Kreuzigung dann zu einer religiösen Geschichte? Wir hören vom Sohn Gottes, dass er sich selbst nicht zu helfen weiß. Wir hören vom König der Juden, dass er machtlos am Kreuz hängt. Selbst die wunderhaften Ereignisse am Ende mit dem Erdbeben und der Auferstehung der Toten, bei denen der Vorhang im Tempel zerreißt, haben allenfalls eine symbolische Bedeutung. Nein, das alles ist es nicht. Was diese Geschichte so stark macht und ihr ein religiöses Gewicht gibt, ist die Bestätigung der Bibel und des Geschehens in dieser Geschichte. Was dort geschah, ist in den Worten eines Psalms schon vorweg beschrieben. Jesu Tod entspricht dem ungerechten Leiden des Gottesmannes im Psalm 22, der Jesus ja wörtlich in den Mund gelegt wird: *Eli, eli lama asabtani* (Vers 2), „mein Gott, mein Gott, warum hast du mich verlassen?“. Zusätzlich werden zitiert: Das Schreien des Sterbenden (Vers 6), der Spott der Anderen (Vers 8), dass kein Helfer da ist (Vers 12), dass seine Zunge vertrocknet (Vers 16) und dass andere seine Kleider verlosen (Vers 19). Psalm 22 ist das stellvertretende Gebet eines Sterbenden, der in seiner Not die Gott-Ferne erlebt. Für den alttestamentlichen Glauben galt noch nicht die Hoffnung auf die Auferstehung. Der Tod ist zugleich Nicht-Leben und damit Gott-Ferne. So heißt es etwa im Psalm 16:

[10] Du, HERR, wirst mich nicht der Totenwelt preisgeben! Du wirst nicht zulassen, dass ich für immer im Grab ende; denn ich halte in Treue zu dir! [11] Du führst mich

den Weg zum Leben. In deiner Nähe finde ich ungetrübte Freude; aus deiner Hand kommt mir ewiges Glück.

Diese Vorstellung wird um den Gedanken der Auferweckung erweitert, nicht verneint. Gott ist und bleibt ein Gott des Lebens und der Lebendigkeit. Der Geist Gottes ist Lebenszeit. Für Matthäus ist die Kreuzigung ganz deutlich kein Dogma und kein Lehrsatz, sondern eine stellvertretende Interpretation des 22. Psalms. Eine Vorstellung, die das Sterben zum Thema hat. Der unschuldige und sinnlose Tod Jesu, des Sohnes Gottes, offenbart die Situation des Sterbenden überhaupt. Jesu Gott-Ferne ist zugleich seine Nähe im Moment des Todes. In Jesus ist Gott Mensch, in Jesus ist Gott selbst Gott fern und machtlos dem Sterben und der brutalen Macht des Todes ausgeliefert. Der Tod soll besiegt werden, aber in welchem Sinn? Er soll kein Instrument der Macht mehr sein. Mit dem Tod sollen Römer und Nazis keine Angst mehr machen können und dürfen. Auch in der Hand der Kirche ist der Tod kein Machtinstrument, um etwa Angst vor der Hölle zu machen. Gott ist in Jesus an unserer Seite, weil dieser Moment der Gott-Ferne im Tod auszuhalten ist.

Später, in der Auferweckung des Gekreuzigten liegt die frohe Botschaft, die aber genau diese Botschaft der Gottesferne im Tod voraussetzt. Die Gottesferne im Sterben ist schon ein alttestamentliches Bild (vgl. Psalm 22), nicht mehr und nicht weniger. Das hat manchen geholfen, Auschwitz besser zu verstehen. Es ist einfach nur der Abschied von Gottes Allmacht. Entweder leidet Gott mit, dann ist er nicht gleichzeitig allmächtig, oder er ist allmächtig, dann leidet er aber nicht mit. In Jesus ist aber nun Gott der Mitleidende. Nur von daher ist das Kreuz Jesu der Beginn des christlichen Glaubens, die neue Zeit Christi, des Menschensohnes bei Gott, des Gottessohnes bei uns. Gott ist machtlos. Die Macht ist seine Sprache nicht mehr, sondern allein das Leben. Gott ist die Liebe, die wir in unserem Leben durch Worte und Taten erfahren. Gottes Gegenwart gibt uns Kraft zum Vertrauen in aller Schwachheit und nicht gegen alle Schwachheit.

Das heißt nun: Die Bibel von Christus her lesen. Die neue Zukunft, die verheißen ist, beginnt heute! Das Gottesbild hat sich verändert. Mit Jesu Kreuz ist das Opfer vorbei. Gott will keine Opfer von uns. Er ist uns nah im Opfer Jesus Christus. Gott leidet selbst und wird zum Opfer. Machtstrukturen kann man nicht dadurch verändern, dass man einfach neue aufbaut. Selbst die katholische Kirche scheint dies nun heute, wenn auch spät, zu lernen. Ein Papst, der sich Franziskus nennt, will den Aufbau der Kirche von unten her, durch Verzicht auf Macht und durch Armut. Ich bin mal gespannt, wie eine solche Kirche unsere evangelische Konfession herausfordern wird. Jedes Bündnis mit Geld und Macht wird ein Ende haben müssen. Kirche wird allein auf Vertrauen und auf Liebe aufgebaut. Sie wird die Vertreterin der Menschenwürde auf unserem Planeten sein. Das Kreuz Jesu ist – für Sterbende und Trauernde ein Trost: In Jesu Gefühl der Verlassenheit ist er uns menschlich nah. Das Kreuz Jesu ist – für Unterdrückte und Verfolgte ein Zuspruch: Der Tod kann uns keine Angst machen. Aus den Gewehrläufen kommt keine Macht mehr. Das Kreuz Jesu ist – für alle Lebenden der Grund zum Glauben: Nicht Gottes Allmacht, sondern seine Ohnmacht macht den Glauben glaubwürdig. Es geht nicht darum, sich auf etwas zu verlassen, was stark und mächtig sein könnte, sondern auf das Leben selbst zu vertrauen, in dem uns Gott als Vater und Schöpfer begegnet. Wir lassen und nicht mit Vertröstungen abspeisen und spielen den Menschen kein Paradies mehr vor, das sie erst nach ihrem Tod erhalten. Wir wollen, dass hier auf dieser Erde Gerechtigkeit und Menschenwürde gelten. Dazu gibt es den Franz von Assisi zugeschriebenen Spruch, mit dem ich schließe[9]:

Herr, mach mich zu einem Werkzeug deines Friedens, dass ich Liebe übe, wo man sich hasst, dass ich verzeihe, wo man sich beleidigt, dass ich verbinde, da, wo Streit ist, dass ich die Wahrheit sage, wo der Irrtum herrscht, dass ich den Glauben bringe, wo der Zweifel drückt, dass ich die Hoffnung wecke, wo Verzweiflung quält, dass ich ein Licht anzünde, wo die Finsternis regiert, dass ich Freude mache, wo der Kummer wohnt.

Herr, lass du mich trachten: nicht, dass ich getröstet werde, sondern dass ich tröste; nicht, dass ich verstanden werde, sondern dass ich verstehe; nicht, dass ich geliebt werde, sondern dass ich liebe.

Denn wer da hingibt, der empfängt; wer sich selbst vergisst, der findet; wer verzeiht, dem wird verziehen; und wer stirbt, erwacht zum ewigen Leben.

Amen.

---

[9] Frankreich um 1913. Laut Gesangbuch ist der deutsche Text um 1945 anonym entstanden.

Predigt über Johannes 21, 15-19 – Der gute Hirte

Sonntag Miserikordias Domini

Liebe Gemeinde,

bevor ich den Predigttext vorlese, möchte ich eine Geschichte erzählen – oder besser gesagt, ich erzähle die Vorgeschichte, den Anfang des Kapitels Johannes 21 in einer Kurzfassung, in meinen eigenen Worten und Vorstellungen. Ich möchte diese Geschichte nicht so real erzählen, wie sie hier in der Bibel klingt, sondern als Traum, den Traum des Petrus.

Üblicherweise können wir uns im Traum über Grenzen von Ort und Zeit hinwegsetzen.

Wenn wir der Schilderung der Apostelgeschichte folgen, gibt es gute Gründe anzunehmen, dass die Jünger und Jüngerinnen im weiteren Sinn nach der Kreuzigung und Auferstehung weiterhin in Jerusalem geblieben sind. Sie treffen sich zu einer ihrer üblichen Versammlungen, bei denen sie auch schon in der Erinnerung an Jesus das Brot teilen und das Mahl halten. Dabei ergreift Petrus einmal das Wort und sagt:

„Liebe Schwestern und Brüder, ich möchte Euch den Traum erzählen, den ich heute Nacht hatte. Ich befand mich im Traum am See Genezareth, ganz nahe der Stelle, an der Jesus das erste Mal in mein Boot gestiegen ist, um den Menschen am Ufer eine Predigt zu halten. Ich war nicht allein, sondern ihr alle seid auch da gewesen, alle Jünger, die ganze Gemeinde Jesu. Und wir haben das Boot fertiggemacht und sind auf den See gefahren. Da haben wir aber zunächst nichts gefangen, so dass wir alle nichts zu essen hatten. Als wir zurückkamen, sah ich auf einmal einen Hirten am Ufer stehen. Er trug einen weiten Hirtenmantel und einen Hirtenstab und er hatte ein kleines Schäfchen auf der Schulter. Dann fragte mich der Hirte: ‚Hast du nichts gefangen?' Und als ich geantwortet hatte, sagte er zu mir: ‚Fahrt erneut auf den See und werft eure Netze aus!' Da erkannte ich den Hirten und merkte, dass es Jesus war. Als wir von diesem Fischfang zurückkamen und die Fische an Land gebracht hatten, zählten wir 153 Fische. Jesus sagte: ‚Legt ein paar Fische auf ein Feuer und lasst uns essen.' Und als die Fische fertig gebraten waren, nahm er zuerst das Brot und sprach das Dankgebet und teilte das Brot und gab es uns. Dann segnete er den Kelch und danach aßen wir die Fische. Als das Essen eine Zeit gedauert hatte, wandte sich Jesus direkt an mich und redete mit mir.“

Ich verlasse jetzt die Schilderung des Traums von Petrus und lese den Text in der Fassung der Lutherbibel, als Predigttext, so wie wir es gewohnt sind.

Verlesung des Predigttextes Johannes 21, 15– 19

15 *Als sie nun das Mahl gehalten hatten, spricht Jesus zu Simon Petrus: Simon, Sohn des Johannes, hast du mich lieber, als mich diese haben? Er spricht zu ihm: Ja, Herr, du weißt, dass ich dich lieb habe. Spricht Jesus zu ihm: Weide meine Lämmer!* 16 *Spricht er zum zweiten Mal zu ihm: Simon, Sohn des Johannes, hast du mich lieb? Er spricht zu ihm: Ja, Herr, du weißt, dass ich dich lieb habe. Spricht Jesus zu ihm: Weide meine Schafe!* 17 *Spricht er zum dritten Mal zu ihm: Simon, Sohn des Johannes, hast du mich lieb? Petrus wurde traurig, weil er zum dritten Mal zu ihm sagte: Hast du mich lieb?, und sprach zu ihm: Herr, du weißt alle Dinge, du weißt, dass ich dich lieb habe. Spricht Jesus zu ihm: Weide meine Schafe!* 18 *Wahrlich, wahrlich, ich sage dir: Als du jünger warst, gürtetest du dich selbst und gingst, wo du hinwolltest; wenn du aber alt wirst, wirst du deine Hände ausstrecken und ein anderer wird dich gürten und führen, wo du nicht hinwillst.* 19 *Das sagte er aber, um anzuzeigen, mit welchem Tod er Gott preisen würde. Und als er das gesagt hatte, spricht er zu ihm: Folge mir nach!*

Jesus erscheint Petrus im Traum als der Hirte. Schon zu Lebzeiten hatte er seine Kreuzigung mit den Worten angekündigt: Ich bin der gute Hirte. Der gute Hirte lässt sein Leben für die Schafe. Aber jetzt geht er darüber hinaus und spricht eine wichtige Eigenschaft des Hirtenberufes an: Hüte meine Lämmer; hüte meine Schafe! Ein Psalm in der Bibel ist besonders geeignet, die Vorstellung vom Hirtenberuf auf den eigenen Glauben zu übertragen: Psalm 23. In diesem Psalm ist es Gott selbst, der Hirte ist; in der Geschichte bei Johannes ist es zuerst Jesus und dann der Jünger Petrus, den er anspricht und zum Hirten macht.

„Der Herr ist mein Hirte, mir wird nichts mangeln.“ (Psalm 23,1) - Versorgung ist also die erste Aufgabe eines Hirten. Der Hirte muss sich um diejenigen kümmern, die ihm anvertraut sind. Der Hirtenberuf ist also einer Mutter ganz ähnlich. Die Mutter versorgt die Kinder mit allem, was sie zum täglichen Leben brauchen, mit Nahrung, mit Kleidung, mit Bildung und mit Erziehung. Hirte zu sein heißt, für anvertraute Menschen Verantwortung zu tragen, sie zu versorgen. Jesus meint die Gemeinde, die Menschen, die zu ihm gehören. Sie werden vom Hirten mit dem versorgt, was sie für ihren Glauben brauchen, mit der Zuwendung in Wort und Tat, mit Gottes Segen und Hilfe.

„Er weidet mich auf einer grünen Aue und führet mich zum frischen Wasser." (Psalm 23,2) - Die Fülle der Natur stellt uns der Schöpfer zur Verfügung. Gott ist unser Hirte, weil er der Schöpfer ist. Das, was wir zum Leben brauchen nehmen wir aus der Natur. Was für Schafe die grüne Wiese und das frische Wasser ist – das beides von einem Hirten am Rand der Wüste immer neu gesucht werden muss – ist für uns das, was uns die Erde zum Leben gibt, das tägliche Brot, für das wir arbeiten müssen. Jesus ist auch unser Hirte, nicht als Schöpfer, sondern als der, der uns die Nähe Gottes vermittelt. Gott ist in allem, in der ganzen Natur, aber er kommt uns dadurch auch manchmal so weit und unerkennbar vor. Jesus zeigt uns Gott in seiner Nähe und Zuwendung. Er zeigt uns das, was für uns auf jeden Fall grüne Aue und frisches Wasser ist, die Nähe und die Zuwendung, die guten Worte, die er uns sagt und die wir auch an andere weitergeben können. Dazu habe ich mir mal einen Spruch gemerkt von Eva von Tiele-Winckler: „Das will ich mir schreiben in Herz und Sinn, dass ich nicht für mich auf Erden bin, sondern dass ich die Liebe, von der ich leb, liebend an andere weiter geb." Uns so könnten wir jetzt dem Psalm 23 weiter folgen und nachspüren, inwiefern Jesus unser Hirte ist.

„Er erquicket meine Seele. Er führet mich auf rechter Straße um seines Namens willen. Und ob ich schon wanderte im finsteren Tal, fürchte ich kein Unglück, denn du bist bei mir, dein Stecken und Stab trösten mich." (Psalm 23, 3-4) - Bis hierhin bleibt der Psalm ganz im Bild des Hirten, bis er dann zum Motiv des Gastgebers und zum Bild des Hauses wechselt.

„Gutes und Barmherzigkeit werden mir folgen mein Leben lang und ich werde bleiben im Hause des Herrn immerdar." (Psalm 23, 6). - Der Weg wird zum Ziel. Jesus erquickt unsere Seele. Mit der rechten Straße spielt der Psalm auf die Zehn Gebote an, die von Jesus erneuert und mit dem Gebot der Nächstenliebe ergänzt werden.

Was aber jetzt, im Traum des Petrus, noch einmal ganz wichtig wird, ist der Weg durch das finstere Tal. Man möchte ja meinen, dass uns die Religion als Erfolgsrezept für ein gelingendes Leben und für Glück und Zufriedenheit gepriesen würde. Doch das ist nicht der Fall. Religion ist keine Glücksversicherung, sondern der Tiefgang des Lebens, also Verzicht auf Oberflächlichkeit. Not und Leiden sind nicht auszuschließen, ja können sogar auch als Folgen des Glaubens eintreten, wie bei manchen Märtyrern. Da die Predigt sich ja nicht am Psalm 23, sondern am Beispiel des Petrus orientiert, möchte ich dazu kurz eine Episode erzählen, die manchen vielleicht bekannt ist. Sie stammt aus dem Buch „Quo vadis“ und ist eine Legende.

Petrus kommt am Ende seines Lebens nach Rom. Nachdem er dort einige Zeit gelebt und auch in der entstandenen Gemeinde gepredigt hat, werden eines Tages die Christen verfolgt. Ihnen wird gemeinsam mit den Juden die Schuld am Brand Roms gegeben, der in den engen Gassen der antiken Stadt ausgebrochen ist. Heute wissen wir, dass sich der Brand durch eine Art Selbstentzündung entfacht und verbreitet hat, also auf fehlenden Brandschutz zurückgeht. Damals hat man aber einen Schuldigen gesucht – da war es leicht zu sagen: Die Christen und die Juden waren schuld. Als die Verfolgung der Christen begann, setzte verständlicherweise eine Fluchtwelle ein. Viele versteckten sich auch und überlebten das Massaker. Die Legende erzählt, dass Petrus die Stadt verlassen wollte. Als er an den Toren angekommen war, begegnete ihm ein Mensch, der ein Kreuz trug. Er fragte ihn und bemerkte dabei, dass es Jesus war: „Warum trägst du das Kreuz hier nach Rom hinein?“ Jesus sagte: „Ich gehe in die Stadt, um mich ein zweites Mal kreuzigen zu lassen.“ Daraufhin kehrte Petrus um und ließ sich kreuzigen. Die Geschichte ist zwar Legende, aber sie hat wohl einen wahren Kern darin, dass Petrus in Rom den Tod eines Märtyrers gestorben ist. Dieser Tod, dieses Leiden wird in unserem Predigttext angekündigt: *„Wenn du aber alt wirst, wirst du deine Hände ausstrecken und ein anderer wird dich gürten und führen, wo du nicht hinwillst.“*

Ich muss zugeben, dass mir bei diesem Satz manche Bilder aus den Altenheimen ins Bewusstsein gekommen sind, obwohl das ja hier gar nicht gemeint ist. Hier ist gemeint, dass der Glaube keine Glücksversicherung ist, sondern auch zu Problemen führen kann. Das soll aber nicht heißen, dass der Glaube mit Gewalt verbreitet werden soll, wie das später auch geschehen ist.

Es geht um den Hirtenberuf und den Auftrag, der sich daraus herleitet. Hirte zu sein heißt, Verantwortung zu übernehmen. Zuerst ist der Dialog mit Jesus etwas eigenartig. Jesus fragt dreimal: Hast du mich lieb oder hast du mich lieber als die anderen? An dieser Wiederholung erkenne ich, dass die ganze Geschichte einen Traum schildert. In einer normalen Beziehung würde eine solche Wiederholung der Frage „Hast du mich lieb?" eher auf eine Krise deuten. Muss eine Frau ihren Mann oder Freund dreimal fragen, ob er sie liebt? Wohl kaum. Aber ich denke, hier ist gemeint, dass die Beziehung zu Jesus an der ersten Stelle steht. Glaube ist Liebe zu Jesus. Diese Beschreibung befreit den Glauben von allem Druck sowohl des Tun-Müssens, als auch des Glauben-Müssens. Es kommt demnach Gott nicht darauf an, was wir alles für Jesus oder für die Menschen tun können oder tun wollen, es kommt auch nicht darauf an, was wir alles von Gott wissen wollen oder können, sondern es kommt darauf an, wie groß unser Vertrauen ist. Die dreimalige Frage „Hast du mich lieb?" mündet in die dreimalige Berufung: „Weide meine Lämmer!" oder „Weide meine Schafe!".

Und damit wechselt der Hirtenstab schon zum zweiten Mal den Besitzer. Erst wird er von Gott, dem Schöpfer auf Jesus, den Menschen Gottes übertragen, der uns die wahre Menschlichkeit zeigt. Jesus übergibt den Hirtenstab an Petrus und damit stellvertretend an uns alle. Christen sollen Hirten sein, nicht Schafe. Das ist, als würde man ein Kind danach fragen: Was möchtest du einmal werden? Es würde doch eher antworten „Ich möchte ein Hirte werden", als dass es antwortete: „Ich möchte ein Schaf werden."

Gott bleibt unser Hirte, denn er hat die grüne Aue und das frische Wasser geschaffen und gibt uns alles, was wir zum Leben brauchen. Jesus bleibt unser Hirte, denn er gibt uns die Worte, aus denen wir Vertrauen und den Sinn des Lebens erfahren. Aber auch wir können und sollen Hirten werden und Verantwortung übernehmen. Sicherlich sind wir, um im Bild zu bleiben, dabei auch immer die Schafe, so wie wir auch als Erwachsene Kinder unserer Eltern bleiben. Aber wir sind berufen, an Gottes Wahrheit mitzuarbeiten und Gottes Reich mit Jesu Wort auszubreiten. Der Friede kommt nicht von selbst, sondern nur dadurch, dass er gewollt und getan wird.

Wir alle müssen Hirten werden. Das ist unser aller Auftrag als Christen.

Amen.

Predigt über Genesis 1 und 2 – Die Schöpfungsgeschichte

Sonntag Jubilate

Verlesung des Textes (Lutherbibel)

Gen 1 [1] Am Anfang schuf Gott Himmel und Erde. [2] Und die Erde war wüst und leer, und es war finster auf der Tiefe; und der Geist Gottes schwebte auf dem Wasser. [3] Und Gott sprach: Es werde Licht! Und es ward Licht. [4a] Und Gott sah, dass das Licht gut war. (...) [26] Und Gott sprach: Lasset uns Menschen machen, ein Bild, das uns gleich sei, die da herrschen über die Fische im Meer und über die Vögel unter dem Himmel und über das Vieh und über alle Tiere des Feldes und über alles Gewürm, das auf Erden kriecht. [27] Und Gott schuf den Menschen zu seinem Bilde, zum Bilde Gottes schuf er ihn; und schuf sie als Mann und Frau. [28] Und Gott segnete sie und sprach zu ihnen: Seid fruchtbar und mehret euch und füllet die Erde und machet sie euch untertan und herrschet über die Fische im Meer und über die Vögel unter dem Himmel und über das Vieh und über alles Getier, das auf Erden kriecht. [29] Und Gott sprach: Sehet da, ich habe euch gegeben alle Pflanzen, die Samen bringen, auf der ganzen Erde, und alle Bäume mit Früchten, die Samen bringen, zu eurer Speise. [30] Aber allen Tieren auf Erden und allen Vögeln unter dem Himmel und allem Gewürm, das auf Erden lebt, habe ich alles grüne Kraut zur Nahrung gegeben. Und es geschah so. [31a] Und Gott sah an alles, was er gemacht hatte, und siehe, es war sehr gut. (...) Gen 2 [1] So wurden vollendet Himmel und Erde mit ihrem ganzen Heer. [2] Und so vollendete Gott am siebenten Tage seine Werke, die er machte, und ruhte am siebenten Tage von allen seinen Werken, die er gemacht hatte. [3] Und Gott segnete den siebenten Tag und heiligte ihn, weil er an ihm ruhte von allen seinen Werken, die Gott geschaffen und gemacht hatte. [4a] So sind Himmel und Erde geworden, als sie geschaffen wurden.

Liebe Gemeinde,

die Erschaffung der Welt durch Gott ist sicherlich einer der wichtigsten Glaubensinhalte und ist im apostolischen Glaubensbekenntnis enthalten: „Ich glaube an Gott, den Vater, den Allmächtigen, den Schöpfer des Himmels und der Erde.“ Und so müsste ich mich jetzt folglich an die Arbeit machen, die Ärmel hochkrempeln und Ihnen und uns hier in der Kirche dieses Werk Gottes erklären, die Schöpfung. Unweigerlich landen wir dann bei den Fragen, die zwischen Religion und Naturwissenschaft aufgebrochen sind. Keine Frage, ein interessantes Thema. Auch wenn wir heute die Erde für eine Kugel halten und wissen, dass sie nicht in der Mitte des Universums ist, ist für uns die Aussage nach wie vor wichtig, dass Gott der Schöpfer ist. Doch heute möchte ich dieses Thema eher am Rande behandeln und der mich anderen Frage zuwenden, die bei der Betrachtung dieser Geschichte oft zu kurz kommt.

Es ist dies die Frage nach Gott. Nehmen wir einmal die Überschrift, den Leitsatz. Das ist der erste Vers: *„Am Anfang schuf Gott Himmel und Erde."* Wir haben das Wort „am Anfang", dann das Wort „Gott", sowie die Aussage seiner Tätigkeit, „Himmel und Erde" zu schaffen. Diese Handlung ist genauso wichtig wie die handelnde Person, Gott. Die Bibel ist eine Erzählung, in der Gott die handelnde Person ist. Ein paar Beispiele: Gott setzt die ersten Menschen Adam und Eva in einen Garten, gibt ihnen einige Regeln und vertreibt sie aus dem Garten, weil sie die Regeln nicht einhalten. Gott lässt Noah ein Schiff bauen, um seine Familie und alle Tiere vor der geplanten Flut zu retten. Gott offenbart sich Abraham und gibt ihm den Auftrag, in ein fernes Land zu gehen und sich dort niederzulassen.

Übrigens ist das eine der Haupttätigkeiten Gottes in der Bibel, sich zu offenbaren. Er offenbart sich dem Moses am Berg Horeb und gibt ihm den Auftrag, das Volk aus der Knechtschaft in Ägypten zu befreien. Gott zeigt sich dem Volk in der Wüste in einer Wolke und einer Feuersäule. Gott ist eine unsichtbare Person, die sowohl in ein Geschehen eingreifen oder es laufen lassen kann, die Menschen beauftragen kann und sie dann bei ihren Handlungen mehr oder weniger unterstützt. Gott ist weiterhin jemand, der das, was bei den Menschen geschieht, beurteilt. Diese Kommentare Gottes sind immer eingestreut in die Geschichte der Bibel. Die Urteile Gottes sind nicht immer so positiv wie hier in der Schöpfungsgeschichte. Die Schöpfungsgeschichte zeichnet sich dadurch aus, dass Gott alles gut findet, was er gemacht hat. *„Gott sah an alles, was er gemacht hatte, und siehe, es war sehr gut."*

Jeder würde mir beipflichten, wenn ich sage, dass Gott die Hauptfigur der biblischen Erzählung ist. Die Schöpfungsgeschichte sagt: Gott handelt von Anfang an. Die modernen Menschen sagen ja zu Recht, dass es nicht unbedingt ersichtlich ist, dass Gott die Erde geschaffen hat. Man könnte sogar sagen, dass die Wissenschaft geradezu das Gegenteil behauptet: Die Erde und was auf ihr lebt, braucht keinen Schöpfer, denn sie ist ihr eigener Schöpfer. Alles was auf der Erde lebt, wird von der Erde selbst hervorgebracht. Ich möchte vorschlagen, dass wir heute einmal so tun, als sei das richtig. Behauptet irgendjemand mit dieser Aussage, dass es Gott nicht gibt? Nein, eben nicht. Das einzige, was man daraus für die Religion folgern kann ist: Es geht in der Schöpfungsgeschichte nicht um das Verständnis der Natur im Sinne der Wissenschaft, sondern im Sinne der Religion, es geht um Glaube. Wenn es um Wissenschaft ginge, dann müsste in der Schöpfungsgeschichte noch genauer beschrieben werden, wie Gott die Erde technisch gemacht haben soll. Doch das ist nicht der Fall. Die Aussage darüber, was auf dieser Erde ganz konkret wird, überlässt Gott der Erde selbst. Am Beispiel von Gras und Kraut ist das sogar aufgenommen: *„Die Erde soll hervorbringen Gras und Kraut."* Dass die Erde selbst Leben hervorbringt, steht also weder im Widerspruch zur Naturwissenschaft, noch steht es im Widerspruch zur Schöpfungsgeschichte.

Nur: Es geht nicht um die Naturwissenschaft, sondern um den Glauben. Es geht um Gott. Die Bibel rührt immer wieder an die Frage: Wer ist Gott? Und wir spüren, dass wir an dieser Frage immer wieder scheitern. Es ist geradezu grotesk, dass die wichtigste Person dieser Erzählung irgendwie in einem eigenartigen Dunkel ist. Niemand kann sie gegenständlich beschreiben. Ja gewiss, einmal geht Gott in einem Garten hin und her, einmal macht er die Tür der Arche von außen zu und einmal erlaubt er dem Mose, sich ihm bis auf ein paar Meter zu nähern, um ihm Steinplatten zu übergeben. Gott hat keine Gestalt, und ihm entspricht kein Bild. Dennoch ist ständig von ihm die Rede. Er, oder man kann auch sagen sie, die Gottheit, fühlt und spricht, denkt und macht, lässt etwas geschehen oder greift ein. Gott spricht, und es geschieht. Gott sieht, segnet und spricht. Gott sieht und vollendet. Gott ruht aus und segnet. Solche Tätigkeiten sind keine Nebensache, denn diese Worte sind das einzige, was uns das Wesen Gottes in der Bibel näher bringt. Um es zusammenzufassen: Gott handelt, indem er spricht, und Gott spricht und handelt zugleich. Aus den Worten Gottes kommt etwas hervor. Was Gott sagt, geschieht, und was geschieht, ist Gottes Wort-Entsprechung. Daraus folgt ein Ablauf, eine Geschichte. Wie bei einer Perlenkette reiht sich Erzählung an Erzählung. Dass es dabei um die Zeit geht, wird gleich zu

Beginn der Schöpfungsgeschichte klargestellt: „Da ward aus Abend und Morgen der erste Tag.“ Dass es um die Zeit geht, ist nicht zufällig.

Das Chaos des Lebens ordnet sich, wenn man es von Gott her sieht. Aus dem Geschehen wird Geschichte. Letztlich sehen wir nur das, was vor Augen ist, wir sehen nur das Ergebnis dessen, was geschieht und hinter diesem Geschehen steht ein Wort, eine Aussage Gottes. Das ist der Sinn des Lebens, das Wort Gottes. Damit ist gar nicht genau gesagt, was es im Einzelnen bedeutet. Aber dass es Worte sind, steht fest. Gott ist die Person, die für diese Worte zuständig ist. Manchmal werden diese Worte aufgeschrieben, weil sie offenbar werden. Dann kommen sie ans Licht. Normalerweise werden sie aber nicht ausgesprochen, sondern sind einfach da, still und hinter allem, was geschieht. Die Gottheit ist mit allem, was geschieht, identisch, indem sie diesem Geschehen einen Sinn gibt. Viele verstehen den Sinn des Lebens nicht. Ja, woher auch? Den Sinn des Lebens kann man ja auch nicht sehen. Was man sieht, ist die Gestalt des Lebens, aber nicht deren Sinn. Der Sinn ist ein Wort, eine Botschaft, die nur Gott kennt und die Gott uns manchmal offenbart. Zu dieser ersten Eigenschaft Gottes, den Sinn hinter und in allem Geschehen, geoffenbart im Wort, kommt eine zweite Eigenschaft hinzu: Gott sieht. Der dreieinige Gott wurde früher manchmal als Auge in einem Dreieck dargestellt. Gott ist der Beobachter. Und der Beobachter beurteilt. Hier, in der Schöpfungsgeschichte, sagt Gott nur Gutes. Aber wir wissen, dass das nicht so bleibt. Gott gibt vielen Dingen einen Namen und sagt, was und wie sie sind. Zum Guten sagt er „gut“ und zum Bösen sagt er „böse“. Wenn ich an Gott glaube, dann hat für mich alles, was geschieht, einen Sinn, ohne wirklich genau zu wissen, welcher es ist. Ich gehe davon aus, dass Gott sieht, was auf dieser Welt geschieht. Ich will die Welt etwa wie ein Theater sehen, dessen Stück ein Drehbuch hat und dessen Geschichte vorgespielt wird. Diese Gottes-Vorstellung darf man nicht mit einem allmächtigen König oder Richter verwechseln. Es ist bei Gott ganz oft so, dass er etwas sieht, aber nichts dagegen tut oder machen kann. Oder er sieht etwas und tut etwas, das sich aber dann erst in einiger Zeit positiv entwickelt. Gott sprach zu Mose am Berg Horeb und sagte, dass er die Not in Ägypten gesehen hat. Mit der Berufung des Mose zum Befreier des Volkes nahm die Geschichte ihren Anfang. Sehen und Urteilen fallen bei Gott zusammen. Gott hat alle Menschen gleich geschaffen und nicht in Sklaverei, er sieht das ungerechte Sterben in den Kriegen, wie den Hunger in der Welt und sagt: Das ist nicht gut. Gott sieht diese Welt wie sie ist und wie sie sein soll.

Ich wiederhole den ersten und zweiten Teil der Aussagen über Gott in der Schöpfungsgeschichte. Zum ersten: Gott handelt, indem er spricht. Gottes Handeln ist Sprechen. Gott ist der Sinn und die Bedeutung des Lebens, das Wort hinter allem Geschehen. Ich sage, dass ich den Sinn manchmal nicht kenne, aber ich weiß, dass es ihn gibt. Zum zweiten: Gott sieht und urteilt. Mit diesem roten Faden beginnt die Erzählung der Befreiung des Menschen. Sehen und Urteilen gehören zusammen. Aus Gott kommen Menschenrechte und Demokratie. Gott ist das Grundelement unserer christlichen Zivilisation. Gott will sehen und urteilen, Gott will sagen, ob etwas gut oder schlecht ist. Und wenn etwas schlecht ist, dann will Gott nicht, dass es schlecht bleibt, wenn etwas gut ist, wie die Erde, will Gott, dass es so bleibt. Zum zweiten hören wir, dass Gott segnet. Segnen heißt zum einen, dass Gott etwas gut findet. Gott segnet die Menschen, segnet Männer und Frauen, weil er sie gut findet. Gottes Segen wird in der Religion ausgesprochen. So segnen wir in der Kirche Kinder, die getauft oder konfirmiert werden, um zu sagen, dass Gott sie gut findet. Gottes Segen bringt auch seinen Auftrag zum Ausdruck. Gott segnet die Menschen und setzt sie in Beziehung zueinander und zur Umwelt. Er gibt Ihnen die Nahrung aus der Schöpfung und sagt dass die Welt ihr Lebensraum ist. Dieser Schöpfungsauftrag besteht darin, die Erde heil und gut zu erhalten. Gottes Segen ist Zuspruch und Anspruch. Das wird deutlich im Wort zu Abraham: *„Ich will dich segnen und du sollst ein Segen sein." (Genesis 12,2)*. Mit dem Segen macht Gott die Religion handlungsfähig. Wir dürfen Gottes Worte weitergeben und sie als Auftrag verstehen. Das wird in der Bibel an mehreren Stellen wiederholt. Gott segnet, und Menschen segnen in Gottes Auftrag. Menschen beten zu Gott und hören auch seine Worte, Menschen fragen nach dem Sinn, weil Sie mehr über Gottes Auftrag wissen wollen.

Weil alles gut war, ist es uns und Gott eben nicht egal. Es ist ärgerlich, wenn etwas, das gut war, schlecht wird. Für uns und für Gott. Indem wir uns mit Gott und der Geschichte Gottes in der Bibel beschäftigen, denken wir immer mehr auch wie er und eignen uns seine Vorgehensweise an. Wir sehen und urteilen, d. h. wir denken. Wir reden und handeln, und wir denken, bevor wir reden und wir reden, bevor wir handeln. Wir sehen und erleben die Welt und finden sie gut. Wir geben Gottes Segensworte weiter und setzen uns für den Erhalt der Erde ein, weil sie gut geschaffen ist, weil sie sinnvoll ist. Wir wollen nicht, dass etwas zerstört wird, was sinnvoll ist. Wir mögen die Gewalt nicht. Wir wollen, dass das Gesicht der Erde von Liebe geprägt ist. Wir wollen, dass Liebe der Sinn ist, der hinter allem steht. D. h. wir wollen Gottesbilder auf dieser Erde werden. Wir glauben, dass diese Erde eine gute Geschichte hat und wir wollen, dass diese Geschichte auch über unser Leben hinaus gut weitergeht. Wir wollen diese Erde unseren Nachkommen gut und heil hinterlassen.

Susan Schöne, Dreaming Tree, Mischtechnik auf Leinwand, 90 x 100

Wir sind so zum Anfang zurück gekommen um zu sehen, dass hier keine Botschaft gegen die Evolution herauszulesen ist, sondern der Glaube an den lebendigen Gott. Die Schöpfungsgeschichte ist der Anfang der Bibel, der Geschichte Gottes mit den Menschen, der dem Leben einen Sinn gibt, der es sieht und urteilt, der es gut findet und segnet. Und der zuletzt auch zu ruhen vermag, am siebten Tag. Gott ist der, der Erde erlaubt, sich selbst weiterzuentwickeln in dieser Ruhe. Gott ist wie ein Bauer, der ausgesät hat und wartet, dass etwas wächst; das heißt auch ruhen und warten können. Und der Sinn und Auftrag der Schöpfungsgeschichte ist im Grunde in diesem einen kurzen Satz: *„Und Gott sah an alles, was er gemacht hatte, und siehe, es war sehr gut."*

Amen

Predigt über Matthäus 6, 5-15 – Vater Unser

Sonntag Rogate

Verlesung des Textes (Lutherbibel):

5 *Und wenn ihr betet, sollt ihr nicht sein wie die Heuchler, die gern in den Synagogen*
und an den Straßenecken stehen und beten, damit sie von den Leuten gesehen wer-
den. Wahrlich, ich sage euch: Sie haben ihren Lohn schon gehabt. 6 *Wenn du aber*
betest, so geh in dein Kämmerlein und schließ die Tür zu und bete zu deinem Vater,
der im Verborgenen ist; und dein Vater, der in das Verborgene sieht, wird dir's ver-
gelten. 7 *Und wenn ihr betet, sollt ihr nicht viel plappern wie die Heiden; denn sie*
meinen, sie werden erhört, wenn sie viele Worte machen. 8 *Darum sollt ihr ihnen*
nicht gleichen. Denn euer Vater weiß, was ihr bedürft, bevor ihr ihn bittet. 9 *Darum*
sollt ihr so beten: Unser Vater im Himmel! Dein Name werde geheiligt. 10 *Dein Reich*
komme. Dein Wille geschehe wie im Himmel so auf Erden. 11 *Unser tägliches Brot*
gib uns heute. 12 *Und vergib uns unsere Schuld, wie auch wir vergeben unsern Schul-*
digern. 13 *Und führe uns nicht in Versuchung, sondern erlöse uns von dem Bösen.*
Denn dein ist das Reich und die Kraft und die Herrlichkeit in Ewigkeit. Amen. 14
Denn wenn ihr den Menschen ihre Verfehlungen vergebt, so wird euch euer himmli-
scher Vater auch vergeben. 15 *Wenn ihr aber den Menschen nicht vergebt, so wird*
euch euer Vater eure Verfehlungen auch nicht vergeben.

Liebe Gemeinde,

wir haben in diesem Predigttext eine kurze Anweisung zum Beten und das Vater Unser gehört, das typische Beispielgebet Jesu. Im Zusammenhang beider Texte steht dieses Zentralgebet als Beispiel für die Kürze des Gebets, die Jesus fordert. Die knappen Stichworte sind jeweils mit eigenen Vorstellungen und Beispielen zu füllen. Religion als Praxis des Gebets ist für Jesus keine Sache der Öffentlichkeit mehr. Die christliche Religion wird nach der Bergpredigt im „stillen Kämmerlein" ausgeübt. Es ist doch klar, dass schon der Inhalt eines Gebets sozusagen unter die Schweigepflicht fällt. Jesus sieht damit jeden einzelnen Menschen als Individuum in einer Beziehung zu Gott, nicht nur ein ganzes Volk. Jedes einzelne Gebet wird mit den Prägungen jeder einzelnen Person gefüllt. Diese Art von Gebet gehört von daher nicht in die Öffentlichkeit. Was in die Öffentlichkeit gehört, ist also die Versammlung der Christinnen und Christen, eine öffentliche Demonstration ihrer Präsenz und Feier ihrer Gemeinschaft, wie zur Zeit auf dem Kirchentag in Hamburg, der in diesen Stunden zu Ende geht. Die Gebete im Gottesdienst sind die allgemeine Ausgestaltung der Religion. Über die besondere Form und den Inhalt des Gebets entscheidet jeder selbst. Dies sollte allgemein nicht nach außen zur Schau getragen werden. Jesus und die frühe Christenheit wissen also genau, dass die öffentlichen Gebete die konkreten Beispiele des Lebensalltags oft nicht genügend zur Geltung bringen. Das öffentliche Gebet ist darum nicht überflüssig, denn es bearbeitet die Themen, die Christinnen und Christen allgemein und als Gemeinschaft betreffen. Um sich die allgemeine Bedeutung des Gebets bis hin ins Politische vor Augen zu führen, sollte man sich die Worte des Gebets Jesu, des Vater Unser genauer ansehen.

Das Gebet Jesu ist ohne Zweifel in jeder einzelnen Formulierung auf die Botschaft der Bibel zurückzuführen. Auch Jesus war in seiner ganzen Existenz in Wort und Tat Zeuge der Heiligen Schrift. Ihm lagen gerade die radikalen Aussagen der Propheten am Herzen. Er war religiös streng und trotzdem auf die Welt bezogen liberal. Religiöse Riten galten ihm nur so weit, als sie für den Menschen gut und richtig waren. Wenn die Sonntagsheiligung für die Menschen gut und richtig ist, dann ist sie für Jesus richtig, wenn sich aber etwas gegen die Menschen wendet, wie beim Verbot der Heilung oder der Beschaffung von Nahrung, dann lehnt er es ab. Er geht in den Tempel um zu beten, hat aber durchaus etwas gegen die Umwandlung des Tempels in ein religiöses Warenhaus. Die Bitten des Vater Unser sind daher mehr als ein Gebet. Sie sind die Grundprinzipien der Religion Jesu als geschichtlicher Mensch.

Dabei werde ich nun bei der Auslegung des Vater Unser von der gewöhnlichen Reihenfolge abweichen. Ich habe einmal gelesen, wie interessant es sein kann, das Vater Unser rückwärts zu deuten.

Das Vater Unser wird mit Amen beendet. Davor kommt die nicht in allen Evangelien überlieferte Formel: „Denn dein ist das Reich und die Kraft und die Herrlichkeit in Ewigkeit“. Das Gebet eröffnet Raum für Gott in dieser Welt. Wer betet, schafft diesen Raum für Gott in seinem eigenen Leben. Wozu ist es wichtig, Gott im Leben Raum zu geben? Die Frage wird in dieser Formel beantwortet. Wer Gott Raum gibt,

gibt nicht nur, sondern empfängt auch: Gottes Reich, Kraft und Herrlichkeit sind wirksam. Also könnte man diesen Schluss auch als Bekräftigung verstehen, etwa wie bei einer Eidesformel etwa im Sinne von „So wahr mir Gott helfe“. Das Gebet schafft an keiner Stelle eine andere Wirklichkeit als die, in der wir sowieso leben. Aber es stellt die Ansprüche Gottes her. Das Vater Unser ist daher Gebet und Glaubensbekenntnis in einem. Es ist auch jüdisch und christlich zugleich. Es ist ein Beispiel der Einstellung Jesu zum jüdischen Glauben, der die Wahrheit der Gegenwart Gottes bezeugt. Christus „nahm es nicht als einen Besitz, Gott gleich zu sein, sondern entäußerte sich selbst und nahm Knechtsgestalt an“, so wie es im Philipperbrief heißt. Der mächtige Gott verzichtet auf seine Macht, indem er Mensch geworden ist und immer wieder Mensch wird. Er stellt sich allen Menschen gleich und vertraut auf die Wirkung von Kraft, Reich und Herrlichkeit in den Worten der Liebe und des Friedens. Daher heißt es in der letzten Bitte:

„Sondern erlöse uns von dem Bösen.“

Es geht um Erfahrungen, die wir das „Böse“ nennen. Der Ausdruck „erlöse uns“ zeigt, wie nahe uns diese Erfahrungen sind. Hier ist von alltäglichen Grenzerfahrungen die Rede, von Trennung und Schweigen, von Trauer, von Tod. Jeder Lebenslauf ist davon geprägt. Die Ursachen dafür sind uns fast egal, aber obwohl wir selbst beteiligt sind, wollen wir diese Erfahrungen loswerden. Wir wollen nicht mehr Opfer von Gewalt und Habgier anderer sein. Wir wollen nicht unheilbar krank sein oder von sinnloser Trauer erfüllt sein. Wir haben keine Lust mehr auf Umweltverschmutzung und Unfälle in Atomkraftwerken. Wir sind die Drohung mit Atomwaffen in Korea genauso leid, wie den ununterbrochenen Bürgerkrieg in Syrien und Palästina. Es geht von der großen Politik bis in unser privates Leben: „Erlöse uns von dem Bösen.“ Ich spüre, das geht nicht automatisch, da ist Mitwirkung gefragt. Der Wunsch, das Böse loszuwerden, ist der erste Schritt, darauf müssen Taten folgen. Wir dürfen unser Schicksal nicht einfach hinnehmen. Wir sind beteiligt, also müssen wir auch Schritte zur Überwindung dessen tun, woran wir etwas ändern können. Die Bitte legt nicht alles in Gottes Hand, sondern nur das, was wir wirklich selbst nicht ändern können.

„Und führe uns nicht in Versuchung.“

Im Wort Versuchung steckt das Wort Suche, das wir auch im deutschen Wort Sucht wiederfinden. Von der Versuchung zur Sucht ist es nur ein kleiner Schritt. Versuchung und Sucht, zwei Worte für die gleiche Erfahrung, von etwas nicht genug zu bekommen, nicht so beachtet zu sein, wie wir es verdient hätten. Das beinhaltet den Wunsch, das Gefühl von Sinnlosigkeit durch eine Erfüllung mit schneller Zufriedenheit aufzufüllen. Der Sinn ist unerfüllt und soll wenigstens für die Gegenwart bestehen. Es geht also zugleich um Egoismus und um das Vertrauen auf eine schnelle und praktikable Lösung von Problemen. Streng genommen steckt ja in diesem Satz die Aussage, dass Gott uns möglicherweise in Versuchung führt. Aber ist Gott darin nicht einfach ein Spiegel unseres Selbst? Führen wir uns nicht im Prinzip immer selbst in Versuchung, indem wir aus unserer aussichtslose Suche nicht herauskommen? Gott hat uns zu einem freien Individuum gemacht. Wir sollten die Bitte nicht so verstehen, dass die Versuchungen aus Gottes Hand kommen, sondern, dass Gott uns helfen möge, einen Weg in der Welt der Versuchungen zu finden, der gut für uns und die Menschen ist. Die Sucht ist keine Alternative für die Suche nach dem Sinn des Lebens. Manchmal gibt es keine schnellen Antworten. Gott ist keine Formel für die Lösung jedes Problems. In der Bibel ist in diesem Zusammenhang immer von Gottesfurcht oder von Vertrauen die Rede.

„Vergib uns unsere Schuld, wie auch wir vergeben unsren Schuldigern.“

Während in den letzten beiden Bitten die anderen Menschen und die Schöpfung nur indirekt im Blick sind, geht es hier nicht ohne sie. Selbstbewusstsein ist auch immer ein Schuldbewusstsein im Blick auf Andere. Indem wir handeln, machen wir uns auch immer schuldig, da müssen wir gar nicht suchen. Das Wort Schuld darf nicht im Sinn von Beschuldigung gebraucht werden. Wir müssen zuerst anfangen, anderen zu vergeben, dann können wir auch uns selbst vergeben und die Vergebung von Gott. Hier ist keine schnelle Rechtfertigung gemeint, wie es später verstanden wurde. Man könnte auch vorsichtiger sagen: Schuldvorwürfe sind immer gefährlich, weil die eigene Bereitschaft zur Vergebung auf dem Prüfstand steht. Besser ist es, sich nicht zu beschuldigen. Jesus bindet die Vergebung durch Gott an die Bereitschaft der Menschen, den anderen zu vergeben. An dieser Stelle kann nicht von einer billigen Gnade gesprochen werden, wie es Dietrich Bonhoeffer ausdrückte. Gott will unser Leben nachhaltig ändern und gibt uns nicht einfach religiöse Bestätigung für das, was wir sowieso tun. Darin bestand ja auch ursprünglich einmal der Sinn der Beichte, dass man einen Weg fand, sich selbst in seinen Alltagsbezügen zu ändern. Andererseits kann man den Satz im Sinn der Liebe Gottes auch umdrehen: Wer anderen vergibt, dem ist auch von Gott selbst vergeben. Er braucht damit nicht auf die Vergebungsbereitschaft anderer zu warten, wie wir das ja sonst so oft tun und damit eben nicht aus unseren Konfliktkonstellationen herausfinden. Die Schuld der anderen ist nicht unser Problem. Soweit sie uns betrifft, vergeben wir ihnen, um frei zu werden. Wozu brauchen wir das Gebet? Wir sprechen es vor Gott aus, um uns selbst daran zu binden, um aus dem Vertrauen zu Gott die praktischen Konsequenzen für unser tägliches Leben zu ziehen.

„Unser tägliches Brot gib uns heute."

Das Vorbild für diese Aussage ist die Gabe des Mannas in der Wüste an das Volk Israel. Dieses Lebensmittel stand nur an dem Tag zur Verfügung, an dem es gesammelt wurde. Am nächsten Tag war es bereits verdorben. Der Kirchentag stand unter der Losung „soviel du brauchst" und erinnerte damit an die Bedeutung dieser Bitte des Vater Unser. Was passiert bei uns mit Lebensmitteln, deren Haltbarkeitsdatum überschritten ist? Wie viele Lebensmittel werden schon in den Läden weggeschmissen? Wie viele kommen aus Haushalten, Restaurants und Kantinen hinzu? Der Hunger in der Welt, die vielen Toten durch Mangelernährung und Auszehrung sind global ein Riesenproblem. Auch wenn man daran als einzelner nicht viel ändern kann, sollten wir uns die Bitte des Vater Unser vor Augen halten. Es geht immer nur um das tägliche Brot, um das, was wir für heute brauchen. Wie sagt schon der Jakobusbrief: „So Gott will und wir leben werden wir dies oder das tun." Wir haben es nicht in der Hand.

„Dein Wille geschehe, wie im Himmel so auf Erden."

Die Überleitung ist nun schon klar. Religiös ausgedrückt ist unser Leben von Gottes Wille abhängig. So brauchen wir uns eigentlich um nichts zu sorgen, als um den heutigen Tag. Wir sollten uns mehr bemühen, aus Dankbarkeit für alles Leben in der Gegenwart zu leben. Und noch eines kommt hinzu: Gottes Wille soll auf der Erde gelten. Gott der Schöpfer will das Leben der Erde. Er beauftragt den Menschen, sein Bild auf der Erde zu sein und das Leben zu schützen und zu bewahren. Dass wir die Erde sinnlos ausbeuten, ist nicht Gottes Wille.

„Dein Reich komme."

Ist unser Leben von Gottes Gegenwart geprägt, oder kommt alles nur aus unserem eigenen Willen? Wenn wir unser Leben dem lebendigen Gott öffnen, dann haben wir Zugang zu den Ursprüngen des Lebens in uns selbst. Ich persönlich sehe keinen großen Unterschied zwischen dem Schöpfer und der Schöpfung. Wenn wir von Gottes Reich reden, dann denken wir doch gleichzeitig an die Herstellung der Schöpfung aus Gottes Gegenwart. Wie kann das Geschehen um den Willen Gottes wieder in Ordnung gebracht werden? Damit ist auch gemeint, dass wir nicht so tun, als müsste der Wohlstand immer so weitergehen wie bisher. Es gibt Menschen, die eine persönliche Krise durchgemacht haben oder an der Grenze des Todes standen, die haben oft eine ganz andere Einstellung zum Leben, als nur die einfache und schnelle Konsumorientierung auszuleben. Es geht dabei dann auch um die Frage, wen und was und wessen Namen wir heiligen und verehren.

Susan Schöne, Formenmeer, Mischtechnik auf Leinwand, 80 x 100 cm

„Dein Name werde geheiligt."

Wenn wir auf diesem Weg bei dieser ersten Bitte ankommen, dann wird uns bewusst, dass die Heiligung des Namens noch nicht einmal sehr viel damit zu tun hat, wie wir den Namen Gottes aussprechen. Heiligung ist die umfassende und ganzheitliche Entsprechung gegenüber Gottes Gegenwart. Wir machen uns auf die Suche nach dem Sinn des Lebens. Wir finden keine simple, schlüssige Antwort, aber uns begegnen Erfahrungen, die wir wichtig finden und aus denen wir etwas lernen können. Die Nähe Gottes in seinem Namen hat etwas von einem Geheimnis. Der Philosoph Sokrates war dafür bekannt, dass er sagte: „Ich weiß, dass ich nichts weiß." Das ist eine Art und Weise, vom unbekannten

Namen Gottes zu sprechen. Es gibt keine schnellen Wahrheiten, sondern es gibt den Respekt, der dem Menschen eben nicht alles zutraut. Dazu gehört die Wahrnehmung der Grenzen des Menschen, dazu gehört die Gegenwart des Unverfügbaren und des Lebendigen. Der Name Gottes wird in dieser Welt geheiligt, indem wir Gott mehr vertrauen als den Menschen.

„Unser Vater im Himmel (...)“

Die Anrede ist auf unserem Gang durch das Glaubensbekenntnis die Zusammenfassung. Sie leitet gleichzeitig zum Glaubensbekenntnis über, das eben diesen Namen Gottes zu allererst nennt. Ich glaube an Gott den Vater. Die Anrede Vater stammt von Jesus selbst. Jesus ist bescheiden, kein Angeber. Jesus prahlt nicht mit seiner göttlichen Herkunft. Wenn das so ist, dann ist die Anrede Vater zu Gott symbolisch gemeint, dann bedeutet Vater Ursprung oder Schöpfer. Wenn wir Gott als die Quelle des Lebens anreden und respektieren, erfahren wir Gottes Gegenüber und Gottes Nähe. Gott ist uns ein Geheimnis, wenn wir nach dem Sinn fragen, und ist zugleich die Lebendigkeit der Schöpfung, wenn wir nach dem Leben der Welt fragen. So gibt sich Gott uns in Jesus Christus zu erkennen, so treten wir in Kontakt mit der Quelle des Lebens. Jesus greift bestimmt einige Bibelverse dabei auf, wenn er das Vater Unser betet. Vielleicht hat er auch einige Aussagen abgewandelt oder verändert. In allem Glauben hat er erfahren, dass Gott nahe ist und sein Leben mit uns teilt.

Amen.

Predigt über Lukas 14, 25-33 – Jüngerschaft

5. Sonntag nach Trinitatis

Übersetzung Bibel in gerechter Sprache[10]*:*

Viele Menschen waren mit ihm unterwegs. Da wandte er sich um und sagte zu ihnen: „Wer von euch zu mir kommt und nicht Vater und Mutter, Frau und Kinder, Brüder und Schwestern hintan setzt, ja auch das eigene Leben, kann nicht mein Jünger sein. Wer nicht das eigene Kreuz trägt und mir nachfolgt, kann nicht meine Jüngerin und mein Jünger sein. Denn wer von euch einen Turm bauen will, setzt sich doch zuerst hin und berechnet die Kosten, ob die finanziellen Mittel ausreichen bis zur Fertigstellung? Andernfalls, wenn das Fundament gelegt ist, der Turm aber nicht fertiggestellt werden kann, fangen alle, die das sehen, zu spotten an und sagen: ‚Dieser Mensch hat angefangen zu bauen und konnte es nicht vollenden.' Welches Staatsoberhaupt, das gegen ein anderes Krieg führen will, wird sich nicht erst hinsetzen und überlegen, ob es mit 10.000 Leuten diesem Oberhaupt entgegentreten kann, das über 20.000 verfügt? Wenn nicht, schickt man rechtzeitig eine Gesandtschaft und bittet um Frieden. Niemand von euch, die nicht allem, was sie haben, den Abschied geben, kann meine Jüngerin oder mein Jünger sein. Das Salz ist nun etwas Gutes; wenn aber sogar das Salz fade wird, womit soll man es würzen? Es taugt nichts mehr, weder für die Erde, noch für den Misthaufen; darum werfen sie es hinaus. Wer Ohren hat zu hören, der höre!"

Liebe Gemeinde,

wo bleiben unsere Gedanken hängen? Denken sie jetzt noch an den Anfang des Textes oder steht ihnen das Bild vom Hausbau oder des Kriegsherrn vor Augen, denen sorgfältige Vorbereitung fehlt, um ein Werk zu vollenden? Ist gar die Kritik an einem verlorenen Krieg darin versteckt, und ginge es also nur indirekt um die Jüngerschaft?

---

[10] Bibel in gerechter Sprache, Taschenausgabe, Hrsg. von Ulrike Bail u.a., Gütersloh 2011, S. 1479f.

Der letzte Vers, der alles zusammenfasst, zeigt, dass zumindest so, wie wir diesen Text gehört haben, der Anfang das Thema bildet. Es geht darum, dass Jüngerschaft wichtiger ist als das, was eigentlich für uns am wichtigsten ist, das eigene Leben und die Beziehungen zur Familie.

Als ich vor knapp 30 Jahren meine 2. Prüfung zum Pfarrer machte, bekam ich diesen Text zur Vorbereitung der Examenspredigt. Ich dachte: Oh je, das ist eine Botschaft an uns, die zukünftigen Kleriker. Die Arbeit in der Kirche als Pfarrerin oder Pfarrer kann nur funktionieren, wenn wir eigene private Interessen zurückstellen. Doch als Predigttext richtet sich der Text ja gar nicht an die Kleriker, sondern an die Gemeinde, also an alle. Wie geht also die Christenheit mit der Frage dieses Anspruches Jesu um, alles andere um des Glaubens und der Jüngerschaft willen zurückzulassen?

Die erste Lösung des Problems lag mir damals klar vor Augen, da es ein Kloster in der Nachbarschaft gab. Ich ging dorthin und interviewte eine Nonne und las in der Regel des Heiligen Benedikt. Da steht klar und deutlich zum Eigentum:

„Keiner darf sich herausnehmen, ohne Erlaubnis des Abtes etwas zu verschenken oder anzunehmen oder etwas als Eigentum zu besitzen, durchaus nichts: kein Buch, keine Schreibtafel, keinen Griffel, überhaupt gar nichts; sie haben ja nicht einmal das Recht, über ihren Leib und ihren Willen frei zu verfügen.“[11]

Diese völlige Übereignung des eigenen Lebens und der eigenen Person in die Hand des Ordens ist ein neuer, von der alten Familie unabhängiger Lebensabschnitt. Eine Ehe gibt dort es nicht, auch nicht bei freieren Orden. Dieses Lebensmodell in der Kirche bedeutete eine Trennung und Aufteilung. Das, was Jesus unter Jüngerschaft verstand, galt nur für die Orden und die Kleriker, wovon ja bis heute das Zölibat zeugt. Für die anderen Christinnen und Christen ist klar, dass sie sich in ihrem bürgerlichen Dasein befinden und das, was die Bibel vorschreibt oder verkündigt, nur so weit vollziehen, wie es ihnen möglich ist oder sinnvoll erscheint. In diesem Modell ist nicht jeder ein Christ im Sinne der Jüngerschaft Jesu. Man gehört zur Kirche und nimmt Anteil an ihren Segnungen, ist aber selbst kein Jünger in der Nachfolge Jesu.

[11] Die Regel des Heiligen Benedikt, Hrsg. von P.B. Steidle OSB, Beuron 1980, 33, 2 – 4

Das änderte sich mit der Reformation. Klöster wurden aufgelöst, und jeder Getaufte ist seitdem gleichwertiger Teil der Gemeinde, damit auch als Jünger Jesu angesehen. Das meint das „Priestertum aller Gläubigen“. Was zunächst als Erleichterung erscheint, da auch Kleriker seitdem heiraten dürfen, ist eigentlich auch eine Verschärfung des Anspruches.

Was sich allerdings auch dank Martin Luther herausbildete, war so etwas wie eine zeitliche Aufteilung. Der Alltag unterstand anderen Regeln als der Sonntag, als die Religion. Die Folgen haben wir heute vor Augen. Die Alltagswelt hat sich durchgesetzt und die Sonntagskirche an den Rand gedrängt. Dabei ist der Anspruch Jesu heute auch besonders für die Alltagswelt aktuell.

Dazu gehört in der Welt auch der Einsatz für die Armen, dem sich engagierte Christinnen und Christen verschrieben haben, wozu auch die Nonne Ita Ford aus Brooklyn, New York, gehört. Sie ist aus Chile, wo sie in einem Orden und mit den Armen lebte, nach El Salvador gegangen, um den Armen dort im Widerstand beizustehen. Sie schreibt von dort in einem Brief an ihre Patentochter Jennifer, die 16 Jahre geworden ist und in New York lebt:

„Viel hängt von dir selber ab, und was du entscheidest, hat mit deinem Leben zu tun. (...) Gestern stand ich auf der Straße und sah einen Sechzehnjährigen, der ein paar Stunden vorher getötet worden war. Ich kenne eine Menge Kinder, sogar jüngere, die tot sind. (Kommentar C.F.: Man muss nur an das heutige Syrien denken.) *Es ist eine furchtbare Zeit in El Salvador für Jugendliche. So viel Idealismus und Engagement werden hier kaputtgemacht. Die Ursachen, warum so viele Leute getötet werden, sind ziemlich kompliziert, aber es gibt ein paar klare, einfache Gründe. Einer ist, dass viele Leute etwas gefunden haben, wofür es sich lohnt zu leben, sich zu opfern, zu kämpfen oder sogar zu sterben! Ob ihr Leben sechzehn Jahre oder sechzig oder neunzig dauert, für sie hat ihr Leben einen Sinn. In mancher Hinsicht sind die gut dran. In Brooklyn (New York) passiert nicht das gleiche wie in El Salvador. Aber ein paar Dinge bleiben wahr, wo immer man ist und in welchem Alter auch immer. Was ich sagen möchte, ist, ich hoffe, du kommst dahin, das zu finden, was dem Leben für dich einen tiefen Sinn gibt. Etwas das wert ist, dafür zu leben, vielleicht sogar zu sterben, etwas, das dir Kraft gibt und dich begeistert und dich befähigt weiterzugehen. Ich kann dir nicht sagen, was das sein könnte, du musst es selber finden, dich dafür ent-*

scheiden und es lieben. Ich kann dir nur Mut machen, danach Ausschau zu halten und dich bei der Sache unterstützen."[12]

Wir kommen also hier mit den Worten der Nonne Ita Ford an eine Stelle, wo das, was im Predigttext Jüngerschaft bedeutet, auch für das allgemeine Leben von Bedeutung zu sein scheint. Es muss etwas geben, wofür bereit sind, uns hundertprozentig einzusetzen. Diese Nonne lässt hier erstaunlicherweise sogar offen, ob das etwas wie der christliche Glaube ist, weil sie weiß, dass der Glaube nur ein Angebot sein kann. Im Prinzip ist ihr also wichtig, dass es etwas gibt, wovon ihre Patentochter absolut überzeugt ist und was sie als ihren Lebensinhalt ansieht. Das gibt ihr Halt und Orientierung und sie weiß, wofür sich das Leben lohnt. Ich denke, wir würden hier wohl kaum in der Kirche sein, wenn uns dieses Angebot nicht an Gott und an Jesus erinnern würde. So ist es ja im Bibeltext auch, wenn man hinsieht. Viele Menschen gehen mit Jesus, sie sind einfach dabei. Und jetzt wendet er sich an diese und gibt ihrer Nachfolge eine konkrete Bedeutung. Es ist der Lebensinhalt.

Hier muss man aber dazu sagen, dass wir Menschen nichts geben können, was wir nicht zuvor erhalten haben. Wenn sich unser Lebensinhalt auf den Glauben bezieht, dann weil wir darin eine gute Erfahrung gemacht haben, eine, die uns etwas bedeutet, die uns wichtig geworden ist. Solches können wir auch kaum von anderen übernehmen, auch nicht in Form von Verkündigung, sondern es muss unserer Erfahrung entsprechen.

Ich kannte einen Jungen, der war ein Außenseiter in der Klasse und wurde von den Mitschülern gemobbt. In seiner Freizeit ging er aber zur Gemeindejugend und hatte dort die christliche Botschaft gehört. Er hörte dort die Zusage: Wir sind in Jesus von Gott geliebte Menschen und jeder ist so wie er ist genau richtig, was auch andere sagen mögen. Das ist die Botschaft, die er dort immer wieder gehört und schließlich beherzigt hat. Obwohl er von bewusst gläubigen Eltern erzogen wurde, war das etwas, das ihm seine Eltern so nicht geben konnten, was die Gemeinschaft der Jugendgruppe ihm gab. In der Schule hörte das Mobbing nicht sofort auf, aber er hatte eine

---

[12] Dorothee Sölle, Fulbert Steffensky: Nicht nur Ja und Amen, Von Christen im Widerstand, Hamburg 1983, S. 64f.

Einstellung dem gegenüber, die ihn selbstbewusst machte. Aus diesem Beispiel wird klar, dass die christliche Botschaft nicht auf ein Neben- oder ein Abstellgleis gehört. Sie hat mit wichtigen Erfahrungen unseres Lebens direkt zu tun. Sie ist nicht zuerst ein Auftrag, sondern eine Zusage, die wir im Grunde schon mit der Taufe erhalten haben: *„Du bist ein von Gott gewollter Mensch, ein Geschöpf Gottes und du bist wichtig, so wie du bist, mit deinen eigenen Qualitäten und Fähigkeiten."* Wenn du dafür dankbar bist, dann müsstest du irgendwann erkennen, dass dann auch Menschen füreinander einstehen.

Dies alles setzt allerdings voraus, dass wir das, was hier von Jesus in der Bibel gesagt wird, auf uns wirken lassen und für uns gelten lassen, sie wie es ist, ohne Abstriche oder Einwände. Und genau das ist in unserer Kirche und Gesellschaft anders geworden. Das hat schon Dietrich Bonhoeffer in seinem Buch „Nachfolge" beschrieben, aus dem ich einen Abschnitt vorlesen möchte:

„Wir würden sagen: Der Ruf Jesu ist zwar ‚unbedingt ernst zu nehmen', aber der wahre Gehorsam gegen ihn besteht darin, dass ich nun gerade in meinem Beruf, in meiner Familie bleibe und ihm dort diene, und zwar in wahrer innerer Freiheit. Jesus würde also rufen: Heraus! - wir verstehen ihn aber, wie er es eigentlich meint: Bleib drinnen! Oder Jesus würde sagen: Sorget nicht; wir aber würden verstehen: Natürlich müssen wir sorgen und arbeiten für die Unsern und für uns. Alles andere wäre ja unverantwortlich. Aber innerlich sollen wir freilich von solcher Sorge frei sein. (...) wie ist solche Verkehrung möglich? Was ist geschehen, dass sich das Wort Jesu sich solches Spiel gefallen lassen muss, dass es so dem Spott der Welt ausgeliefert wird?"[13]

Dietrich Bonhoeffer weist zu recht drauf hin, dass die Botschaft der Kirche inhaltlich der biblischen Botschaft entsprechen sollte und nicht auf fatale Weise ins Gegenteil verkehrt werden darf. Dadurch stellt die Kirche dann nämlich den Kern ihrer eigenen Verkündigung in Frage uns bringt die Botschaft heraus: Die Bibel hat eine wichtige Botschaft für uns, die sich im Alltag nicht durchhalten lässt. Wer so mit der eigenen Verkündigung verfährt, muss sich über die weit verbreitete Entfremdung nicht wun-

---

[13] Dietrich Bonhoeffer: Nachfolge. München 1937, [11]1982, S. 55

dern. Die Alternative muss allerdings natürlich nicht darin liegen, dass man behauptet, man müsse alles wörtlich verstehen und sich damit als weltfremd zeigt. So sehr Bonhoeffer also mit der Beobachtung recht hat, dass sich der Inhalt der Botschaft durch eigenmächtige Interpretation verändert, ja sogar ins Gegenteil verkehrt, genauso ist doch auch klar, dass es nicht darum geht, in ein Kloster einzutreten oder Kleriker zu werden.

Das Wort Jesu muss also schon interpretiert und ausgelegt werden, wenn wir denn als Christinnen und Christen mit unserem Leben Botschafterinnen des Glaubens und Priester der Kirche sind. Das, was die Nonne Ita Ford gesagt hat, ist schon ein Teil der Antwort, es geht darum, dass Wort der Bibel so zu verstehen, dass es uns unbedingt angeht und keine Beiläufigkeit erlaubt. Es muss also beides gleichzeitig richtig sein, entschieden im Glauben und entschieden in der Welt zu leben, ohne dass dies von vornherein zu einem Widerspruch wird. Es gibt ein Beispiel für eine solche unbedingte Haltung, dass auch aus der Verkündigung Jesu ist und sich auf etwas anderes bezieht, auf die Ehe. Dort heißt es, dass ein Mann Vater und Mutter verlassen muss, um mit seiner Frau zu leben und für diese gilt dasselbe auch.

Es geht um die Unbedingtheit und Konsequenz, die der Glaube an Jesus Christus für uns bedeutet. Man kann die Verfügung, den Besitz aufzugeben, nicht dadurch erledigen, dass man so tut, als hätte man ihn nicht. Ehrlicher ist, dieses als ständige Differenz zu erleben und zu sagen: Ich kann den Anforderungen des Evangeliums nicht in allen Punkten gerecht werden, aber es ist wichtig, dass mir der Glaube im Prinzip klar ist und mir deutlich ist, dass es darum geht, die Liebe Gottes in all seinen Geschöpfen zu bestätigen und zu verkündigen.

In einzelnen ethischen Entscheidungen wird es auch immer mal eine Chance geben, dies auch in aller Konsequenz deutlich zu machen, wenn es dennoch nicht in allen Punkten möglich ist. Ich gebe zu, dass das auch ein Kompromiss ist, aber kein so fauler wie der, den Bonhoeffer ankreidet. Es ist tatsächlich auch ein Stück Erwachsenwerdens, aus dem Schatten der Familie herauszutreten und Verantwortung für eine eigene Einstellung zum Leben zu übernehmen, zu der man dann auch mit aller Konsequenz steht. Wenn wir dieses lernen und vollziehen, haben wir schon einiges von dem verstanden, was Jesus denen gesagt hat, die mit ihm gekommen sind. Wir sind für unser ganzes Leben gefordert, denn das Leben ist uns dazu geschenkt, es dankbar und bewusst anzunehmen und im Sinn der Liebe Gottes etwas daraus zu machen. Darauf ist die Verheißung der Zukunft bei Gott gegeben.

Amen.

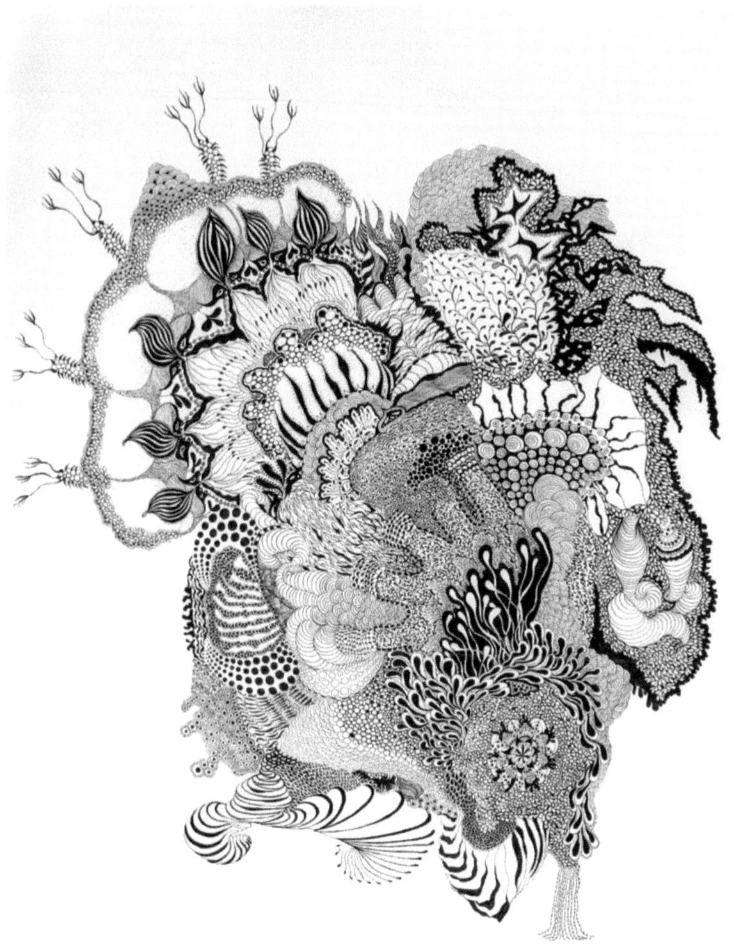

Susan Schöne, Unbunte Freiheit, Mischtechnik auf Leinwand

Predigt über Lukas 7, 11-17 – Auferstehung

16. Sonntag nach Trinitatis

Verlesung des Textes Lukas 7, 11-17 (Gute Nachricht Bibel):

11 Bald darauf ging Jesus nach Naïn. Seine Jünger, die Männer und Frauen, und noch viele Leute folgten ihm. 12 Als sie in die Nähe des Stadttores kamen, wurde gerade ein Toter zur Bestattung hinausgetragen. Es war der Sohn einer Witwe, ihr einziger. Zahlreiche Bewohner der Stadt begleiteten die Mutter. 13 Als der Herr die Witwe sah, ergriff ihn das Mitleid und er sagte zu ihr: „Weine nicht!" 14 Dann trat er näher und berührte die Bahre; die Träger blieben stehen. Er sagte zu dem Toten: „Du junger Mann, ich befehle dir: Steh auf!" 15 Da richtete der Tote sich auf und fing an zu reden, und Jesus gab ihn seiner Mutter zurück. 16 Alle wurden von Furcht gepackt; sie priesen Gott und riefen: „Ein großer Prophet ist unter uns aufgetreten! Gott selbst ist seinem Volk zu Hilfe gekommen!" 17 Die Kunde von dem, was Jesus getan hatte, verbreitete sich im ganzen jüdischen Land und in allen angrenzenden Gebieten.

Liebe Gemeinde,

wenn eines an Jesus bezeichnend ist, dann das, dass seine Botschaft und sein Handeln einander entsprechen. Daher sind die Erzählungen seines Handelns genauso Teil seiner Botschaft wie die Aussprüche oder Gleichnisse. In dieser Geschichte geht es um das Thema „Auferstehung". Die Bibel ist nicht gewohnt, Begriffe auf einen bestimmten Sinn einzuschränken, sondern eher diese zu umschreiben und verschiedene Interpretationen anzubieten. Das ist für uns westliche Menschen manchmal etwas ungewöhnlich, aber auch lehrreich. Das Problem ist nur, dass uns unsere Tradition eine andere Vorgehensweise gelehrt hat, so dass das Denken von einem Punkt her auch schon in die Bibelerklärung eingegangen ist. Im Grunde antworten alle Texte des Neuen Testaments auf die Frage: „Wer ist Jesus Christus?" Und dann strömt uns eine derartige Vielfalt von Antworten entgegen, dass schon die frühe Christenheit bemüht war, darin eine Ordnung zu finden. Diese Ordnung hat die Vielfalt der möglichen Antworten eingeschränkt und dadurch auch verfälscht. Wichtig ist auch genau hinzuhören und hinzusehen und sich zu fragen: Wer sagt uns denn, wer Jesus Christus ist? Ist es Jesus selbst, der das von sich mitteilt, oder sind es eher andere, die Jünger, die anderen Menschen oder gar erst die frühen Gemeinden?

Darauf sind zwei Antworten möglich, die beide nicht falsch sind: Jesus sagt selten wer er ist, manchmal in Form einer Bestätigung, deutet es eher praktisch an, durch seine Handlungen oder Gleichnisse. Es ist ihm wichtig, dass andere sich durch dieses Handeln an Gott erinnern lassen und sich seine Bedeutung dann eben auch von Gott her erklären. Ich bin der Meinung, dass die Antwort auf die Frage: „Wer ist Jesus Christus?“ auch das eigentliche Thema der Geschichte von der Auferweckung des Jünglings zu Nain ist. Diese Antwort erfolgt im Anschluss an die Auferweckungsgeschichte und lautet hier: „Ein großer Prophet ist unter uns aufgetreten! Gott selbst ist seinem Volk zu Hilfe gekommen!“

Da hier das gleiche Wort verwendet wird, wie bei der Auferstehung des Toten Jünglings von Nain, kann man auch sagen: „Ein großer Prophet ist auferstanden.“ In der Gegend von Nain, das ein paar Kilometer von Nazareth entfernt ist, war noch die Erinnerung an die Propheten Elia und Elisa lebendig, die im Alten Testament erzählt wird. Auferstehung hat also tatsächlich an dieser Stelle die Bedeutung von Wiedergeburt. Das ist eine ganz interessante Seite dieses Textes, dass also doch auch schon für die Bibel die Wiedergeburt ein Denkmodell ist, wenn auch nur auf wenige Person beschränkt. Jesus wird ja auch als Sohn Davids bezeichnet und wäre damit etwas wie der zurückgekommene David. Hier gilt er als der auferstandene Propheten Elia oder Elisa, die beide auch jemanden vom Tod auferweckt haben sollen.

Die Geschichte selbst erzählt die Auferstehung dann aber anders, als eine Art Wiederbelebung eines Toten, der zurückkehrt in sein altes Leben. Dass diese Rückkehr in ein altes Leben ungewöhnlich ist, ist klar. Einmal ist das ja auch beabsichtigt, denn gerade das Ungewohnte an dieser Handlung ruft ja gerade die Reaktion des Erstaunens hervor. Wissenschaftliche Interpretationen wie des Scheintod würden dieses Erstaunen nur wieder glattbügeln und klein machen. Trotzdem kommt für Jesus selbst diese Auferweckung relativ alltäglich rüber. Er geht auf den Leichenzug zu, hält die Bahre an, spricht mit der Witwe, bevor überhaupt etwas Entscheidendes passiert. Man hat den Eindruck, als wäre die ganze Szene wichtiger als die Auferweckung selbst. Das ist auch schon die erste Antwort auf die Frage nach der Bedeutung von

Auferstehung im Zusammenhang der Erzählung: Die Auferstehung ist ein Ereignis, das alle beteiligten Personen einbezieht und ihnen eine neue Sicht auf das Leben und einen Neuanfang gibt. Man kann sagen, wie es ja auch in den Osterliedern gesungen wird: Das Leben setzt sich durch.

Jesus kommt mit einer großen Menschenmenge auf die Stadt Nain zu und will sie am Tor betreten. Dort wird es nun eng, weil genau von der anderen Seite in Gegenrichtung der Leichenzug sich aus der Stadt heraus bewegen will. Einer dieser beiden Züge muss anhalten, wenn sie nicht im Tor einander zerquetschen sollen. Jesus hätte seinen eigenen Zug anhalten können, doch das war wohl kaum möglich. Symbolisch kann man sagen: Der Zug des Lebens und der Zug des Todes begegnen sich.

Jetzt würden nun aber alle, die mit einem Wunder rechnen, enttäuscht, denn Jesus geht zunächst zur nächsten Angehörigen, um mit ihr zu sprechen. Ich denke, dass wir hier in der Bibel nur die Kurzfassung hören. Das Gespräch wird auf eine Kurzfassung gebracht. Jesus sagt zur Witwe: „Hör auf zu weinen!“ Ich denke, das ist weder als Aufforderung noch als Befehl zu denken, sondern als Ergebnis eine kurzen, aber intensiven Gesprächs.

Der Tote, so erfährt Jesus dabei, ist nicht der Ehemann, der schon vorher gestorben war, sondern der Sohn, bei dem diese Witwe nun lebt. Er hat die Aufgabe übernommen, für seine Mutter zu sorgen, da sie keine neue Ehe mit einem Bruder ihres verstorbenen Mannes eingegangen ist. Das Verwandtschaftssystem regelte sowohl die Altersvorsorge als auch die Sozialhilfe, so könnte man sagen. Wo dieses System ausfiel, blieb nur noch die Armut, die Bettelei übrig. Das, was Jesus in dieser Geschichte tut, das tut er für diese Frau. Das Leben des Jünglings spielt eine Rolle im Blick auf seine Mutter. So heißt es nach der Auferweckung des Jünglings: „Jesus gab ihn seiner Mutter zurück.“ Und damit war diese zunächst einmal aus dem Kreislauf der Armut befreit. Die Folgen der Armut sind für Jesus gravierender als der Tod. Die Auferweckung des Jünglings ist gleichbedeutend mit der Befreiung der Witwe von Nain aus ihrem sozialen Tod.

Nun erst trat Jesus an die Bahre und brachte sie endgültig zum Stehen. Der Zug des Todes wurde gestoppt. Und Jesus spricht einige Worte zur Leiche, so als wüsste er jetzt schon, dass ihn der junge Mann hören könnte: „Du junger Mann, ich befehle dir: Steh auf!“ Nur ein Wort, kein Zauber, kein Ritus, keine Berührung, kein magisches

Zeichen. Die paar Worte Jesu genügen, warum? Auferstehung ist nun hier in seiner ursprünglich wörtlichen Bedeutung gemeint: Der junge Mann richtet sich auf und steht auf. Er löst sich aus der Erstarrung und wird lebendig. Doch wie schon erwähnt, bleibt er als Person recht blass. Jesus gibt ihn seiner Mutter zurück. Der junge Mann muss sich erst wieder im Leben zurechtfinden.

Die Beerdigung war damit zu Ende. Abgebrochen quasi. Doch was geschah mit der Menschenmenge, die sich ja jetzt nicht einfach in Luft auflösen konnte? Diese Menschen, alle, sowohl die aus dem Zug des Lebens, als die aus dem Zug des Todes, waren nun Zeugen der Auferweckung des Jünglings geworden, und sie bildeten spontan eine Gemeinde. Sie feierten Gottesdienst. Sie priesen und lobten Gott, sie feierten Gott als den Bewahrer des Lebens. Nicht der Wundertäter steht im Mittelpunkt, nicht Jesus gilt zunächst der Dank, sondern Gott selbst. Die Auferstehung ist eine Handlung Gottes, die durch Jesus nur quasi ausgelöst oder eingeleitet wurde. Gott selbst greift ein und nimmt dem Tod die Macht. Genau das ist letztlich ja auch die Bedeutung, die das Wort Auferstehung im christlichen Glauben bekommt. „Christus Jesus hat dem Tode die Macht genommen und das Leben und ein unvergängliches Wesen ans Licht gebracht durch das Evangelium." Jesus wird hier tatsächlich als Prophet gesehen, der Gottes Gegenwart und Willen verkündigt und anzeigt, aber sich nicht an seine Stelle setzt. Jesus hat sich nicht selbst erhöht. Das hätte seiner Botschaft widersprochen, sondern Gott hat ihn erhöht und der Gemeinde als Mitte ihrer Anbetung gegeben.

Was ist Auferstehung und wozu ist sie da? Ich habe in dieser Geschichte vier verschiedene Erklärungen von Auferstehung gefunden, die ich nun zum Ende der Predigt kurz darstelle:

- Auferstehung kann als Wiedergeburt verstanden werden. Jesus kommt wieder und ist in seinen Worten und Taten unter uns lebendig. Wo Jesu Worte Hände und Füße bekommen, dort ist Jesus unter uns lebendig und auferstanden, so wie in Jesus der Prophet Elia lebendig war.
- Auferstehung ist ein Weg aus dem sozialen Tod, aus der Armut. Das wird hier am Beispiel der Witwe erklärt. Wo Menschen einander beistehen, wo sie füreinander sorgen, dort ist der Weg in die Armut versperrt. Das kann man wirklich nicht alles dem Staat anlasten. Ich denke, dass unser Staat auch deshalb

verschuldet ist, weil wir so tun, als wäre dies alles nicht mehr unsere Aufgabe. Der Staat soll uns darin unterstützen, aber nicht aus der Verantwortung entlassen.

- Auferstehung ist ein neues Leben, ein Neuanfang des Lebens aus der Erstarrung des Todes. Wie der Jüngling zu Nain vom Tod auferweckt worden sein mag, kann man heute nur noch symbolisch deuten. Doch ist es deshalb weniger wahr? Auferstehung ist das Handeln Gottes an uns, die Erneuerung des Lebens. Dieses Handeln Gottes darf aber ruhig auch vom dem Willen unterstützt werden. Der junge Mann in Nain musste selbst hören und aufstehen.
- Auferstehung ist die Vereinigung der Menschen zu einem Zug des Lebens. In der Mitte dieser Gemeinschaft erklingt das Lob Gottes und das Bekenntnis zu Jesus als dem Auferstandenen. Das Ziel der Botschaft Jesu ist die Freude über den Neuanfang, über das neu geschenkte Leben.

Amen.

Susan Schöne, Dreaming Garden, Mischtechnik auf Leinwand, 90 x 100

Predigt über Micha 6, 6-8 – Das Gute

22. Sonntag nach Trinitatis

Verlesung des Textes (Gute Nachricht Bibel):

6 Ihr fragt: „Womit soll ich vor den HERRN treten, diesen großen und erhabenen Gott? Was soll ich ihm bringen, wenn ich mich vor ihm niederwerfe? Soll ich einjährige Rinder als Opfer auf seinem Altar verbrennen? 7 Kann ich ihn damit erfreuen, dass ich ihm Tausende von Schafböcken und Ströme von Olivenöl bringe? Soll ich meinen erstgeborenen Sohn opfern, damit er mir meine Schuld vergibt?" 8 Der HERR hat dich wissen lassen, Mensch, was gut ist und was er von dir erwartet: Halte dich an das Recht, sei menschlich zu deinen Mitmenschen und lebe in steter Verbindung mit deinem Gott!

Liebe Gemeinde,

Alles läuft zu auf diesen letzten Vers der Auswahl, den ich noch einmal in der Übersetzung der Lutherbibel wiederhole, in der er uns auch verschiedentlich im Gottesdienst begegnet:

„Es ist dir gesagt, Mensch, was gut ist und was der Herr von dir fordert. Nämlich Gottes Wort halten und Liebe üben und demütig sein vor deinem Gott."

An dieser Stelle ist es noch einmal wichtig zu erwähnen, dass wir im Prinzip immer über den Text in der jeweiligen Urfassung predigen, auch wenn diese nicht immer direkt zitiert wird. Daher sollen die verschiedenen Übersetzungen nicht verwirren, sondern den Urtext verdeutlichen, dessen Übertragung ins Deutsche einer gewissen Bandbreite unterliegt.

Diesen Vers 8 habe ich mir darum einmal genauer angesehen und muss nun sagen, dass uns der Text der Lutherbibel an einigen Stellen auf eine falsche Fährte führt. Er ist nicht falsch, aber er lässt Assoziationen aufkommen, die so nicht in diesem Bibeltext stehen und auch gar nicht gemeint sein können.

Dazu gehört schon das Wörtchen „gut", das wir sofort mit der Alternative gut und böse verbinden. Doch das Wort im Hebräischen heißt *tov*, das kennen wir aus dem umgangssprachlichen *masel-tov*, das aus dem Jiddischen kommt und also bedeutet: Viel Glück. Das Gute ist also nicht etwas Moralisches im Gegensatz zum Bösen, sondern das, was uns zugutekommt. „Es ist dir gesagt Mensch, was gut ist." Es ist hier tatsächlich offen, wer es gesagt hat, was gut ist. Wir möchten hier, wie die Übersetzung der Gute Nachricht Bibel, die Bezeichnung „Gott" oder „der Herr" ergänzen. Das Gute selbst ist aber hier ein Zweites, das zu unserem Leben gehört. Meine Phantasie geht hier zur Schöpfungsgeschichte, an die auch das hebräische Wort *adam*, Mensch, erinnert, Name des ersten Menschen und der Gattung zugleich. Umschrieben lautet es dann wohl so: Es ist dir gesagt Mensch, was du Gutes empfangen hast und, so geht es weiter, was der Herr, Gott, Jahwe, bei dir sucht. Hier ist die Gute Nachricht auf der richtigen Fährte, indem sie übersetzt: „Was der Herr von dir erwartet." Aber im Original heißt es Suchen und nicht Fordern oder Erwarten. Das Gute ist das, was wir von Gott erhalten haben, um es im Leben weiterzugeben, zu verbreiten und zu verwenden.

Die Moral würde uns hier auf die falsche Fährte führen, weil sie ein Ordnungssystem von Werten und Geboten ist und folglich dazu führt, von sich selbst und anderen etwas zu erwarten und zu fordern.

Die Ordnung, die es zweifelsohne gibt, ist nicht der Sinn des Lebens. Man könnte sagen, der Sinn des Lebens ist das Leben selbst. Ich frage also besser nach der Aufgabe, insofern nach dem Sinn und der Bedeutung des Lebens, und antworte auf diese Frage mit dem Hinweis auf das Leben, wie ich es vorfinde und als Geschenk erhalten habe. „Es ist dir gesagt, Mensch, was gut ist", heißt, das Leben als Geschenk aufzufassen. Von daher ist die Frage nach Gott erlaubt, der in diesem Versteil einen Namen hat, Jahwe heißt, und der Herr genannt wird. Jahwe hat Israel aus der Knechtschaft in Ägypten befreit. Gott ist auf dem Weg, so wie er es schon war, als die Israeliten noch als Halbnomaden in der Wüste unterwegs waren. Es ist dir gesagt Mensch, was gut ist.

Man könnte sagen: Der Weg ist das Ziel, aber nicht weil er der Weg ist, sondern weil er schon alles enthält, worum es geht. Das Ziel ist nur noch die Vollendung dessen. Fazit ist: Es geht um das Leben in diesem einen Vers. Gott gibt das Leben, das gilt so wie es in der Taufe bekannt und gefeiert wird. Die Religion ist kein Selbstzweck, sondern ist um des Lebens willen da.

Der zweite Teil dieses Verses baut auf dem ersten auf, ist aber ganz anders gegliedert. Während der erste, fast wie überall im Hebräischen üblich, aus zwei einander erklärenden Gliedern besteht, ist dieser Teil dreigliedrig, und zeigt verschiedene Aspekte des Themas. Diese drei Abschnitte ergänzen sich.

In der Lutherbibel heißt es hier ziemlich prägnant:

„*Gottes Wort halten, Liebe üben und demütig sein vor deinem Gott.*"

Die konkrete Zusammenfassung des biblischen Kommentars lautet hier anders: „Praktizierte Rechtlichkeit, persönliche Freundlichkeit und wachsame Frömmigkeit." Das heißt in der Interpretation wurde aus der Rechtlichkeit der Anspruch, Gottes Wort zu halten, statt Freundlichkeit heißt es Liebe üben und statt Frömmigkeit ist vom Demütigsein die Rede.

Praktisch gesehen kann man diese drei Begriffe auch gut auf die Bereiche aufteilen, in der die Menschen leben. Dann ist mit Rechtlichkeit die Gesellschaft gemeint, mit Liebe das Leben in der Familie und im engeren Umfeld und mit Frömmigkeit die Religion. Interessant sind hier im Original wieder die Umschreibungen.

Der erste Satz lautet wörtlich: „Nichts anderes als Recht üben." Die Rechtsordnung Gottes und die Gerechtigkeit gehören zusammen. Was Gott gibt und erwartet, ist hier das Ausüben von Recht und die Orientierung am Recht. Die Gesellschaft der Bibel ist quasi demokratisch durch die freie Rechtsausübung geregelt, die den Ältesten oblag. Zur Rechtsordnung gehörte auch das Wesen der Religion, wie es in der Anweisung ausgedrückt wird, den Sabbattag zu heiligen. Aber die anderen Bestimmungen sind nichts als pure Menschlichkeit.

Die zweite Bestimmung lautet: „Liebe üben." In Wahrheit ist es eine Doppelung und lässt sich daher schlecht übersetzen. Liebe freundlich, in Güte. Diese Doppelung ist eine Verstärkung. Bei Paulus heißt es entsprechend: „Alle eure Dinge lasst in der Liebe geschehen." (1. Korinther 16,14) Die berühmten Worte aus 1. Korinther 13 stehen hier ebenfalls zur Debatte: „Nun aber bleiben Glaube, Hoffnung, Liebe, diese drei; aber die Liebe ist die größte unter ihnen." (1. Korinther 13,13)

Die dritte Bestimmung lautet: „Gehe aufmerksam mit deinem Gott." Gott ist gegenwärtig, er geht mit. Dieses Mitgehen Gottes wird nun auf der anderen Seite zum

Wunsch, dass auch wir Gott folgen mögen. Das ist eine Aufforderung: Frage in deinem Leben nach dem Willen Gottes und folge ihm nach!

So müsste es ausführlicher heißen: Die Gottheit begegnet dir in deinem Leben, nimm sie wahr. Frömmigkeit ist das Mitgehen mit Gott in allen Bezügen des Lebens.

Dieser Spruch macht die Ganzheitlichkeit der Religion deutlich. Religion und Leben sind praktisch identisch. Religion ist die Lehre des Lebens und das Leben in Recht und Liebe in der Gegenwart Gottes ist die praktizierte Religion. Leben und Religion lassen sich nicht trennen.

Wer oder was ist darin Gott?

Hier ist immer von der Stimme und vom Wort Gottes die Rede. Das ist der Sinn des ganz Prophetischen: Gott redet zu den Menschen. Die Worte des Propheten sind aufgeteilt in Gottesrede, da spricht Gott in der 1. Person, als „Ich“, und in die darauf antwortende Lehr-Rede, da spricht der Prophet als „Ich“, und von Gott ist in der dritten Person die Rede. Das Buch des Propheten Micha lässt sich nicht auf eine Zeitperiode festlegen. Aber alle Worte, die hier überliefert sind, passen sich der ursprünglichen Form der prophetischen Rede an. In unserem Abschnitt haben wir die Antwort auf die Gottesrede. Daher beginnt der erste Satz von Vers 6: „Womit soll ich mich vorwagen zu Jahwe?“ Oder anders gesagt: „Womit soll ich Jahwe entgegentreten?“

Diese Frage suggeriert einen Abstand zwischen dem Beter und Gott, der von unserer Seite aus unüberbrückbar zu sein scheint. Was bedeutet es zu sagen, „Gott kann nur durch Gott erkannt werden“? Wozu soll diese negative Theologie zu gebrauchen sein als zum Beweis der Unmöglichkeit, von Gott zu reden?

Nein, hier beginnt eine Reflektion. Die Frage „Womit“ betont keinesfalls den Abstand zwischen Gott und Mensch, sondern zeigt das ernsthafte Bemühen, den Ort der Begegnung mit Gott zu suchen und zu finden. Dieser Ort ist nach den Worten des Propheten eben erstaunlicherweise nicht der Kult. Die Kultreligion spricht zwar von Gott, wird seiner Gegenwart aber nicht gerecht.

Was kann es heute heißen, vom Gott in der Höhe zu reden? Wenn es darum geht, die Autorität der Mächtigen indirekt durch die Größe Gottes zu rechtfertigen, also eine Art Hühnerleiter, bei der Gott am Höchsten steht, darunter die Könige, darunter die

Priester und so weiter, so ist das von nun an nicht mehr möglich. Gottes Gegenwart zeigt die Dimension des Unbedingten. Hier geht es um den Grund des Seins und nicht um irgendeine Möglichkeit des Kuhhandels mit Gott.

Der Sinn der religiösen Handlung vom Niederwerfen bis zum Opfern Zehntausender wird im ganzen Text in Frage gestellt. Was heißt das heute? Es ist verfehlt, zu sagen, dass diese Form von Religion uns fremd ist. Wer die Religion in irgendeiner Art als Lebensversicherung missbraucht, versucht einen solchen Kuhhandel. Dabei ist es meines Erachtens egal, ob man durch die Religion das irdische Leben verbessern will oder ob man eine Platzreservierung für die erste Reihe im Himmel nach dem Tod buchen will. Was kann heute ein „Kuhhandel“ mit Gott sein, und welches Interesse steht dahinter? Gott lässt sich für unsere selbst gewählten Zwecke nicht missbrauchen, insofern ist er hoch. Es geht also immer wieder um die Alternative, ob die Religion neben dem Leben steht und quasi eine Funktion hat wie ein Fortbewegungsmittel zum Himmel, oder ob die Religion immer zugleich das ganze Leben und das Leben im Ganzen meint. Dieses Prophetenwort legt Wert auf die Feststellung, dass sich die Beziehung zu Gott im Alltag ereignet und nicht in den Kult eingesperrt werden darf oder kann.

Bezeichnend ist doch, dass der Prophet hier Zahlen nennt. Das muss uns doch unweigerlich an die Millionen erinnern, die für die Religion ausgegeben werden. Sponsoring für die Religion ist gut, wenn es der Sache dient. Wer meint, sich dabei ein gutes Zeugnis auszustellen, macht es falsch. Der Prophetentext spielt in der Zeit des Exils eine neue Rolle und zeigt: Gott ist nicht im Tempel, wenn er der Schöpfer der Welt ist. Gott ist im Leben und ist jedem Menschen nah.

Noch einmal: Was können wir der Gegenwart Gottes entgegnen? Sind wir wirklich so vermessen, mit Gott handeln zu wollen (wie Hiob) mit Geld, mit Riten, mit Ordnungen, mit Leistungen, mit Glaubensformeln? Religion ist Leben und Leben ist Religion. Gott geht mit uns und wir mit ihm.

Das krasseste Beispiel hier im Prophetenwort ist das Menschenopfer, das, Gott sei Dank, in Israel selbst nicht ausgeübt wurde. Aber es zeigt eben als Extrembeispiel, dass es nicht darum geht, Gott etwas zu geben, um ihn zu besänftigen. So wird Gott zum Objekt unseres Denkens und wird eingeordnet in unsere Nützlichkeitserwägungen. Vers 8 sagt es demgegenüber ganz klar: Gott ist im Leben selbst. Dort geht Gott mit, und wir gehen mit ihm. Was uns Gott gibt, unser Leben und unsere Beziehungen, das haben wir praktisch zu bewähren. Der Sinn des Lebens liegt im Leben selbst. Gott ist der Sinn, die Gestaltung unsres Lebens. Gott gibt unserem Leben Bedeutung. Wir empfangen den Sinn und geben ihn auch weiter.

Ich wiederhole den Text in der Übersetzung des biblischen Kommentars[14]:

„Womit soll ich mich vorwagen zu JAHWE, mich niederbeugen vor dem Gott der Höhe? Soll ich mich zu ihm vorwagen mit Brandopfern, mit einjährigen Kälbern?

Findet JAHWE Gefallen an Tausenden von Widdern, an Zehntausenden von Ölbächen? Soll ich meinen Erstgeborenen für meine Aufsässigkeit hingeben, mein eigenes Kind für mein verfehltes Leben?

Es ist dir mitgeteilt, Mensch, was gut ist und was JAHWE bei Dir sucht: Nichts anderes als Recht üben, Freundlichkeit lieben und aufmerksam mitgehen mit deinem Gott.“

Amen.

---

[14] Übersetzung von Hans Walter Wolff, Dodekapropheton 4, Micha, Neukirchen-Vluyn 1982, S. 136f.

Abbildungsverzeichnis

Susan Schöne
Malerei & Grafik

Printed by Books on Demand GmbH, Norderstedt / Germany